国家社科基金项目（15XJL020）最终成果
石河子大学“中央财政支持地方高校改革发展资金”重点学科项目资助出版

经济管理学术文库 • 经济类

中国西北地区城市群综合承载力研究

Research on Comprehensive Carrying Capacity of Urban Agglomerations in North-west China

程广斌　王永静／著

经济管理出版社
ECONOMY & MANAGEMENT PUBLISHING HOUSE

图书在版编目（CIP）数据

中国西北地区城市群综合承载力研究/程广斌，王永静著．—北京：经济管理出版社，2021.6

ISBN 978-7-5096-8050-6

Ⅰ.①中… Ⅱ.①程… ②王… Ⅲ.①城市群—承载力—研究—中国 Ⅳ.①F299.27

中国版本图书馆 CIP 数据核字(2021)第 109317 号

组稿编辑：曹　靖
责任编辑：曹　靖　郭　飞
责任印制：黄章平
责任校对：王淑卿

出版发行：经济管理出版社
（北京市海淀区北蜂窝 8 号中雅大厦 A 座 11 层　100038）
网　　址：www.E-mp.com.cn
电　　话：（010）51915602
印　　刷：唐山玺诚印务有限公司
经　　销：新华书店
开　　本：720mm×1000mm/16
印　　张：11.5
字　　数：180 千字
版　　次：2021 年 7 月第 1 版　　2021 年 7 月第 1 次印刷
书　　号：ISBN 978-7-5096-8050-6
定　　价：78.00 元

前　言

城市作为各种要素在有限地理空间中的高度聚集地，是实现社会经济现代化的重要引擎和基本载体。城市群是城市发展到成熟阶段的最高结构组织形式，具有将各种生产要素流动汇聚与扩散的功能，在区域经济发展格局中最具活力和潜力。然而，现代城市及城市群的快速发展，始终伴随着资源短缺、环境污染、生态破坏等“城市病”问题，已严重威胁到人类自身的可持续发展。中国西北地区城市群是该地区经济社会发展的核心载体，是新一轮西部大开发以及中国参与“丝绸之路经济带”国际区域合作倡议的重点开发区域，势必成为国内外投资的炽热之地。在中国西北地区城市群持续扩张的新形势、新背景下，从承载力视角探讨如何克服城市群发展中的“城市病”问题，对于促进中国西北地区城市群可持续发展、推动区域开发与国际经济合作具有重要的理论与现实意义。

在上述背景下，本书基于对城市群综合承载力概念框架与研究范围的界定，对中国西北地区城市群综合承载力进行多层次、多维度的测算与评价，厘清该地区城市群综合承载力存在的短板制约因素，剖析各个城市群及群内城市的承载状态与制约因素，实证考察群内城市综合承载力的影响因素，在此基础上，提出提升中国西北地区城市群综合承载力的政策建议，以期在理论上能够丰富和拓展城市承载力研究的理论体系，在实践上能够为相关部门制定规划、优化管理、转变发展模式提供决策依据。

本书的内容与主要结论如下：

（1）相关概念界定与理论基础。运用文献回顾法，对核心概念内涵进行了界定，城市群综合承载力的概念界定为：在一定时期内，由若干大中小城市组成的城市群整体，在其资源环境总量与质量约束下以及自身所提供的公共服务与基础设施的支持下，所能承载的人口规模与社会经济活动总量。承载的主客体由约束型承载体、可变型承载体、受载体构成。承载力状态取决于承载体和受载体两个方面。对与城市群综合承载力研究相关的理论基础进行了梳理与分析，为实证研究奠定理论基础与方法基础。

（2）中国西北地区城市群演进历程及其发展现状。简要回顾与梳理了中国政府对城市群发展的部署安排与规划布局，2015 年以来，中国政府着力分类打造的城市群布局包括：重点建设 5 个国家级城市群、稳步建设 8 个区域性城市群以及引导培育六大新的地区性城市群。依据国家的规划布局、相关规划文本以及研究报告，本书选取关中—天水、银川平原、兰白西、酒嘉玉和天山北坡 5 个初具规模的城市群作为研究对象。对西北地区 5 个城市群的区位条件、形成与发展历程以及国家或地方政府对相关城市群规划的批复做一梳理，目前，5 个城市群已经初具规模，并得到相关层级的政府认可。从自然资源、经济规模、产业结构、财政投资、人口状况、社会事业、基础设施以及生态环境等方面，对中国西北地区城市群进行了现状分析，同时剖析了存在的问题。

（3）城市群综合承载力评价指标体系与测算模型的构建。从城市群综合承载力的概念内涵出发，对其承载体和受载体逐步分解，构建了包含 5 个层次的多维度“城市群综合承载力评价指标体系”，即目标层（城市群综合承载力）—准则层—子准则层—领域层—指标层，选择“熵值法”作为指标权重的确定方法。基于系统论思想，引入广泛应用于复杂系统不确定性分析的集对分析法，用以测算各层次承载力测算。

（4）中国西北地区城市群综合承载力测算与比较分析。运用测算结果对西北地区城市群综合承载力进行了比较分析：西北地区城市群整体及各个城市群的综合承载力均有所提升，但综合承载力指数偏低，且 5 个城市群存在明显差距。测算城市群的约束型承载体、可变型承载体和受载体的承载力指数，诊断综合承载力提升的短板：5 个城市群各有差异，但受载体承载力指数较低是 5 个城市群的共同短板。依据子要素承载力的比较分析，诊断各城市群综合承载力的制约因素：人口承载力和水资源承载力是西北地区城市群可持续发展的第一和第二制约因素，能源承载力则是西北地区城市群的最大优势。各城市群综合承载力提升的制约因素存在着差异。

（5）中国西北地区城市群城市综合承载力的测算与比较。对群内 32 个城市 2011 ~2017 年的综合承载力指数进行分析：群内城市综合承载力状态整体上处于上升趋势，但各城市的绝对水平普遍较低，城市之间存在较大差距，城市综合承载力水平与城市规模不存在相关关系。测算群内 32 个城市综合承载力的供给指数、需求指数和供需比，基于供需比较甄别城市综合承载力提升的主要制约因素：32 个城市 5 种承载状态的城市数量比例为 0∶4∶15∶11∶2，大部分城市属于需求轻度和中度超载型，需求压力大是主要制约因素。供给能力不断增强。供给指数和供需比与城市规模呈正相关关系，而需求指数与城市规模呈显著的负相关关系。整体而言，各个城市的承载状态处于向好发展阶段，但制约因素各有差异，承载力提升策略亦有所区别。

（6）中国西北地区城市群城市综合承载力的影响因素分析。分析了政府财力、环境规制、产业结构升级、人口密度、教育水平、科技投入、基础设施等因素对城市综合承载力的影响。构建计量模型，通过对总样本、较大城市、较小城市的回归结果进行分析，得出如下结论：第一，总的来说，政府财力、环境规制、产业结构升级、科技投入、基础设施等因素对承载力均存在正向影响。第二，人口密度对承载力存在一定负向影响，但教育水平对承载力的正向影响不显著，这与预期不符。第三，除人口密度、科技投入外，各因素对城市综合承载力的影响在较大城市和较小城市之间存在明显差异。

（7）中国西北地区城市群综合承载力提升的政策建议。依据短板、制约因素以及影响因素的分析，从整体层面提出政策建议：合理规划布局，有针对性地提升城市群综合承载力。合理规划城镇化进程，加大教育投入的财政支持力度。加大水利工程建设力度，促进水资源的循环利用。加快转变经济增长方式，减少人类活动的负面影响。加大政府转移支付力度，提高公共产品供给能力。促进产业结构转型升级，重视科技创新与技术引进。适度加强环境管制力度，不断提高环境承载力。创新体制机制，保证城市群综合承载力的稳定性。从各个城市群综合承载力的短板与主要制约因素以及准则层和子要素承载力考虑，对每个城市群及群内超载严重的城市提出政策建议。

本书是国家社科基金项目“丝绸之路经济带我国西北段城市群综合承载力研究”（15XJL020）的最终研究成果，参加本项目研究的主要人员有程广斌、王永静、王艳、张晓莉、程钢、龙文、侯林岐、沈雨研、陈曦、申立敬、郑椀方等。研究生闫周府、张雅琴、葛文芳、胡露月、陈增增、王朝阳、单辰煜等也在研究过程中参与了资料和数据的收集与整理工作。在此，对大家的辛勤付出表示深深的感谢。由于作者水平有限，加之编写时间仓促，所以书中疏漏与不足之处在所难免，恳请广大读者批评指正。

目　录

第1章 绪论

1.1 研究背景

城市作为人口、厂商、资源、文化、信息等元素在有限地理空间中的高度聚集地，其快速建设能够带动整个区域的经济社会发展，是实现社会经济现代化的重要引擎和基本载体。历史事实证明，人类发展的历史就是农村人口不断向城市转移的历史，因此，城市作为现代社会人类活动的高度集聚区，其规模、设施、环境的状态决定着能否满足人类自身的需求，同时也是经济社会发展与进步的必要条件。未来学家托夫勒认为，城市化与高新技术产业是21世纪世界经济增长与社会发展的两大驱动因素，可见，城市化不仅仅对于中国，对于当今世界各国的发展都具有重要的意义。现代中国城市的快速发展始于改革开放，伴随国家工业化的步伐不断加快，城市亦获得空前的发展机遇。与此同时，国民经济建设也取得了显著成就。然而，和世界其他国家一样，长期以来中国城市化的快速发展未能逃脱传统模式，即各自发展的“单体式”模式，资源的低效率配置，各种“城市病”问题不断爆发，已成为威胁经济社会可持续发展的重要因素。

区域经济一体化的建设有助于提高城市资源配置效率，提高经济社会可持续发展能力。在中国未来经济发展格局中最具活力和潜力的核心区域建设城市群，发挥城市群在全国各区域经济社会发展布局中的核心作用，带动外围地区的发展，是提高资源配置效率、实现城市良性发展的重要途径。所谓城市群，是指在经济上紧密联系、在功能上分工合作、在交通上联合一体、以中心城市为核心向周围辐射构成的多个城市的集合体①。城市群是城市发展到成熟阶段的最高结构组织形式，是在地域上以大城市为中心分布的若干城市集聚而成的城市集群，是大都市区的联合体。城市群具有将各种生产要素流动汇聚与扩散的功能，已成为经济发展格局中最具活力和潜力的地区，是生产力布局的增长极②。可以说，城市群的发展意味着一个区域的整体崛起。

我国政府高度重视城市群的培育与发展，国家“十一五”规划中首次提出“要把城市群作为推进城镇化的主体形态”，“十二五”规划强调“促进城市群内大中小城市和小城镇协调发展”，《国家新型城镇化规划》（中发〔2014〕4 号）再次明确“以城市群为主体形态，推动大中小城市和小城镇协调发展”，“十三五”规划强调要重点建设打造 19 个城市群③（包括 5 个国家级、8 个区域性和 6 个地区性城市群），主题不断深化、内涵逐渐明晰，标志着我国政府发展城市群的思路愈加清晰，发展城市群已成为我国新型城镇化战略的核心内容，并将城市群作为支撑未来中国经济高质量发展的主要平台。

2000 年国家提出西部大开发战略，为加快西部地区发展提供一系列政策支持。国家“十二五”规划强调“坚持把深入实施西部大开发战略放在区域发展总体战略优先位置”，“推动呼包鄂榆、广西北部湾、成渝、黔中、滇中、藏中南、关中—天水、兰州—西宁、宁夏沿黄、天山北坡等经济区加快发展，培育新的经济增长极”。2020 年，《中共中央　国务院关于新时代推进西部大开发形成新格局的指导意见》明确提出“形成大保护、大开放、高质量发展的新格局”，“加快推进西部地区绿色发展”，“以共建‘一带一路’为引领，加大西部开放力

① 顾朝林．城市群研究进展与展望［J］．地理研究，2011，30（5）：771－783.

② 周青．加快发展广西北部湾城市群［N］．广西日报，2016－03－31（007）.

③ 定军，来莎莎．十三五城市群大修编　将建设十九个城市群（世纪经济报道）［EB/OL］．https：//finance. sina. com. cn/roll/2016－05－05/doc－ifxryahs0074648. shtml，2016－05－05.

度”，“积极对接京津冀协同发展、长江经济带发展、粤港澳大湾区建设等重大战略”，“加强西北地区与西南地区合作互动，推动北部湾、兰州－西宁、呼包鄂榆、宁夏沿黄、黔中、滇中、天山北坡等城市群互动发展”，“加快推进重点区域一体化进程”。

随着西部大开发战略的不断深入以及共建“一带一路”倡议的提出和推进，陕西、甘肃、青海、宁夏、新疆西北五省区成为各种资源迅速聚集的目的地。作为支撑西北五省区经济社会发展的增长极和新型城镇化的主要载体，区域内各个不同规模的城市是其区域经济社会发展的核心，区域内各个不同规模的城市所组成的若干联系紧密的城市群正在逐步成为国内外投资与开发的热点区域，为该地区的经济社会快速发展迎来了难得的历史机遇。然而，中国西北地区干旱缺水、生态系统脆弱，而城市群规模的扩张必然带来一系列“城市病”的负面影响，这对西北地区原本就脆弱的生态环境构成了严重威胁，对城市群综合承载能力而言是一个巨大挑战。在此背景下，中国西北地区城市群能否担当重任，发挥其带动整个区域经济社会发展的作用，实现区域腾飞的目标，取决于其承载力状态。鉴于此，本书以中国西北地区城市群为研究对象，实证考察城市群综合承载力的现状，厘清其影响因素，在此基础上提出提升城市群综合承载力的政策建议，对于促进西北地区城市群可持续发展、缩小东西部发展差距、推动区域协调发展与高质量发展具有重要的现实意义。

1.2 研究意义

1.2.1 理论意义

（1）研究欠发达地区城市群承载力问题，丰富和拓展城市承载力研究的理论体系。现有文献对国内典型城市群承载力的研究多集中于发展较为成熟的东部地区或中部地区城市群，如长江三角洲城市群、珠江三角洲城市群、京津冀城市群、长江中游城市群等，对于处于成长期的西部欠发达地区众多城市群的研究还很不够。由于所处的历史、经济、社会、生态环境等方面的背景存在很大的差异性，西部地区城市群综合承载力演变路径有其自身的特殊性。本研究拟以西北地区的关中—天水城市群、兰白西城市群、酒嘉玉城市群、银川平原城市群、天山北坡城市群 5 个典型的西部城市群为对象，实证考察其城市群综合承载力及群内各个城市的综合承载力的现状，并深入探讨城市综合承载力的影响因素，将丰富和拓展城市承载力研究的理论体系。

（2）采用多因素评价方法与基于熵权的集对分析法，丰富和发展承载力研究方法。国内外学者关于城市群承载力的研究主要集中于单因素承载力研究，如水资源承载力、土地承载力、人口承载力、生态承载力或环境承载力等，仅有少数学者借鉴区域综合承载力的研究方法，对城市群综合承载力进行了初步探索。本书在中国西北地区城市群综合承载力测算与评价中，采用多因素评价方法，从资源、环境、公共服务、基础设施、人口与经济 6 个方面，构建多维度评价指标体系，综合考察中国西北地区各个城市群的综合承载力以及群内各个城市的综合承载力，在具体的测算与评价方法上，拟采用基于熵权的集对分析法构建测算评价模型，分层次测算与比较中国西北地区城市群的综合承载力，将丰富和发展承载力研究方法。

1.2.2 现实意义

（1）为科学划定生态保护红线、落实生态文明建设提供科学依据与政策参考。中国西北地区所包含的陕、甘、宁、青、新五省区，作为中国主要的江河发源地、资源和能源的集中分布区，是全国重要的生态安全屏障，其区域生态系统十分敏感而且极其脆弱。在这个区域中，若干经济社会要素高度集聚的城市是支撑该区域发展的核心区域，是未来带动整个区域快速发展的增长极，承担着区域经济社会发展的引擎作用。但是，城市和城市群的承载力能否支撑区域经济社会的可持续发展，是一个关乎长远发展的重要战略命题。本书拟测算与比较该区域城市群的综合承载力，为科学划定西北地区建设与开发进程中的生态保护红线提供科学依据，同时也为该区域落实生态文明建设与可持续发展提供政策参考，从而有效保障西北地区及全国的生态安全与可持续发展。

（2）为相关部门制定规划、优化管理、转变发展模式提供决策依据。中国西北地区城市群是该地区经济社会发展和新型城镇化的核心载体，是我国参与“一带一路”国际区域合作倡议的重点开发区域，势必成为国内外投资的热点地区。本书的研究成果，是通过对西北地区城市群综合承载力进行评价，诊断出综合承载力存在的问题与短板、厘清群内城市综合承载力的影响因素及其数量关系，并提出政策建议，可作为国家及相关省区发改委、城建局、环保局等部门制定实施有关区域经济社会发展规划、城市区域管理优化方案、转变城市发展模式等方面政策措施的决策依据，避免“一带一路”建设和新一轮西部大开发进程中城市与城市群的盲目扩张与无序发展。

1.3　相关研究文献回顾

1.3.1　国内外关于承载力的研究

“承载力”一词最早出自种群生物学，用以衡量特定区域在某一环境条件下可维持某一物种个体的最大数量（Park，1921）。Malthus（1798）在《人口原理》中表示，他认为自然界存在着一种自然的法则，即自然界为了将人类需求同现有的物质资料供给达到均衡，将通过失业、贫困、疾病甚至战争等种种灾难迫使人口增长减缓和停滞甚至减少，来促进这种均衡状态的出现，然而由于人口和物质资料增长的规律不同，经过一段时间后，这种均衡将被打破，即又开始新一轮的循环。他虽未明确提出承载力的概念，但其人口发展思想体现了人口承载力的概念基础。生态学最早将这一概念引入本学科的学术研究领域，Park 和 Burgess（1921）首次将“承载力”概念应用于生态学的相关研究，并提出“人口承载力”的概念。William（1948）提出并界定了“土地承载力”的概念，即在维持一定水平并不引起土地退化的前提下，一个区域能永久地供养人口数量及人类活动水平的能力。20 世纪中叶以来，人类社会出现了几个方面的共同问题：人口增长速度前所未有、人口数量急剧膨胀，资源的非均衡消费导致全球范围内的短缺，环境污染触目惊心、急速恶化。这些情况的出现引发了人们关于人与自然关系的深入思考，而承载力研究是其中一个十分有效的视角，用以研究自然资源、生态环境、人类自身等领域，展开了多领域多个单要素的系统研究。

1.3.1.1　资源承载力研究

这部分主要集中于土地、矿产和水等资源的承载力研究：

（1）土地资源承载力研究方面，Allan（1949）将土地承载力定义为：“在维持一定水平并不引起土地退化的前提下，一个区域能永久地供养人口数量及人类活动水平。”联合国粮农组织 FAO（1977）提出的土地资源人口承载力估算模型，促进了土地资源承载力的研究与发展。漆良华等（2007）建立土地资源生产潜力和人口数量预测模型，采用环境容量等级系数计算和等级划分方法，分析土地利用类型及其他人类活动对土地承载力的影响。张红等（2016）使用改进的生态足迹模型，测算舟山市的生态足迹以及生态承载力，分析舟山市的土地利用情况。李新刚（2018）建立土地综合承载力与区域经济发展的 PVAR 模型，分析土地综合承载力与其他经济指标之间的动态影响效应，并解析土地综合承载力与区域经济发展的耦合协调程度。

（2）矿产资源承载力研究方面，徐大富等（2004）通过建立定量评价模型、优选评价指标，对贵州省主要矿产资源的经济承载力进行了评价。宋岭、张磊（2009）研究指出，新疆矿产资源的综合承载力总体上是较高的，但各地州又不是很均衡，且矿产资源的生态环境、土地、水及人口等方面的承载力，各地州亦差异明显。熊英等（2014）运用矿产资源经济承载力评价指标体系和模型对河南省五种主要矿产资源的承载力进行评价。严也舟（2014）从矿产资源经济承载力和矿产资源保证年限的角度对我国 5 个重点矿业经济区的矿产资源承载力进行了评价。

(3) 水资源承载力研究方面，Falkenmark（1998）、Harris Jonathan（1998）研究了水资源承载力问题并纳入城市规划，奠定了该领域的研究基础。朱立志（2005）从投入产出、配置效果、利用率提高潜力以及与经济发展的偶合效应对中国农业水资源的承载力进行了实证考察。王莉芳等（2007）基于经济学和环境学角度界定水资源承载力的内涵，分析水资源承载力的影响因素，构建了水资源承载力指标体系。童玉芬（2010）综合考虑地表水、地下水、再生水以及南水北调水量等供水因素以及生产用水、生态用水和生活用水的结构变化因素，运用系统动力学方法对北京水资源人口承载力进行动态分析。付桂军等（2015）对呼包鄂城市群的水资源承载力进行了实证分析，指出人口数量远超过水资源的承载能力，严重制约了城市群的发展。

1.3.1.2 环境承载力研究

20世纪中后期，随着世界各国工业生产和城市发展规模扩大，全球生态环境日益严峻，社会各界对环境问题越来越重视，学界对环境的承载能力也进行了探讨。Bishop（1974）提出环境承载力是在维持可接受生活水平的前提下，某区域所能永久承载的人类活动的强烈程度。Carey（1993）认为环境承载力是指在不严重退化的前提下，环境系统对人口增长的容纳能力，并引入状态空间法用于环境承载力研究。彭再德等（1996）引入灰色预测模型等方法完善了环境承载力研究。唐剑武、叶文虎（1998）对环境承载力的本质进行了剖析，认为环境承载力描述了环境系统对人类活动支持能力的阈值，是环境系统功能的外在表现。王莉芳、李怡（2008）从环境系统角度界定环境承载力，分析了西部地区环境系统的多个组成要素。徐盈之、孙剑（2009）构建了区域环境承载力评价指标体系，对我国省域环境承载力进行了比较分析，并分析了区域环境承载力的影响因素。张子龙、陈兴鹏等（2011）认为区域环境承载力是指环境系统提供社会经济发展所需资源的支撑能力和吸纳污染物的同化能力之和，探讨了区域环境承载力的定量评价方法。徐威威、马晓旭（2012）动态分析了江苏省单因素环境承载力和综合环境承载力的状况，并提出了增强环境承载力的对策建议。黄涛（2014）探讨了环境承载力与承接国际产业转移的关系，实证考察了承接国际产业转移对环境承载力的影响。宁佳等（2014）对西部地区不同省市的环境承载力进行评价，在设定的四种不同排放水平情景下核定西部各省市的 GDP 潜在增长率。张勇（2016）借助 PSR 方法对经济转型与环境承载力的耦合关系进行分析，指出经济转型对环境承载力具有胁迫效应，而环境承载力对经济转型具有约束效应，且经济转型在二者的动态耦合关系中居于主导地位。刘年磊、卢亚灵（2017）从环境承载力评价视角出发，提出一种基于环境质量标准的环境承载力评价模型。韩家彬、石宁（2019）基于中国部分省级面板数据，分析了环境承载力对中国对外直接投资的影响，结果显示，环境承载力与中国对外直接投资呈显著负相关关系。

1.3.1.3 生态承载力研究

工业化与城市化的快速发展，给生态系统带来了一定程度的破坏，引发学者们对于生态承载力的思考与分析。Holling（1986）提出生态承载力是生态系统所提供的所有生态功能对人类社会经济发展的承载能力。Rees W. E.（1992）提出生态足迹模型，从需求与供给方面计算生态足迹与生态承载力的大小。李金海（2001）探讨了生态承载力的概念和估测的方法，研究了确定自然系统最优生态承载力的依据。方创琳等（2004）以系统动力学模型为依据，建立了水—生态—经济发展的耦合模型，发展了生态承载力研究。张瑜英、李占斌（2007）运用生态足迹分析模型对陕西省生态足迹和生态承载力的关系进行实证分析，揭示了可持续发展制约因素。张衍广、李茂玲（2009）利用 EMD 方法对中国生态足迹与生态承载力变化波动的周期进行了分解，运用动力学建模方法对生态足迹与生态承载力进行数值模拟和预测。刘东、封志明（2012）以生态承载力供需关系为切入点，应用生态足迹模型构建生态承载力供需平衡指数，系统评价了县域生态承载力状况。熊建新等（2012）利用状态空间法，从生态弹性力、资源环境承载力以及社会经济协调力三个方面构建指标体系，对洞庭湖区生态承载力进行定量评价与分析。郑晖等（2013）基于生态足迹和生态承载力的理论方法，测算了甘肃省生态足迹、生态承载力和生态赤字动态变化，并进行预测分析。曹智、闵庆文（2015）提出以“生态系统—生态系统服务—人口和经济（承载力）”为研究主线的基于生态系统服务的生态承载力（ESECC）的定义，构建 ESECC 评估模型，将与人类相关的生态系统服务纳入评估模型，并进行案例研究。熊建新、陈端吕（2016）从生态弹性子系统、资源环境子系统和社会经济子系统 3 个角度构建生态承载力系统动力学模型，并进行实证研究。罗海平、朱勤勤（2019）构建耕地生态足迹模型实证测算粮食主产区 13 个省区粮食安全保障的耕地生态足迹与生态承载力。张学渊、魏伟（2019）引入生态环境弹性力、资源环境供容力、社会经济压力三个准则层建立了生态承载力综合评价体系，对西北干旱区生态承载力进行了监测。

1.3.1.4 人口承载力研究

随着世界人口的剧增，人口承载力问题逐渐引起理论界特别是我国学界的重视。Park 和 Burgess（1921）首次提出“人口承载力”的概念，并认为可根据某一地区的食物资源来确定该地区的人口容量。王玉平（1998）建立了矿产资源人口承载力评价指标体系与模型，并对现有资源和预测资源的人口承载力进行了定量计算和分析。蒋辉、周四军（2004）采用多元回归分析方法对湖南省粮田人口承载能力的影响因素进行了实证考察。赖作莲、查小春（2007）以陕西省和全国为参照区分析了陕南秦巴山区的人口承载力，表明该区域人口处于超载状态，成为其经济社会可持续发展的制约因素。蔡莉、穆光宗（2008）将人口承载力已有的研究视角归纳为容量、阈值、能力三个方面，指出应建立衡量和评价人口承载力“质量”的指标系，并从社会经济、环境资源、区域人口三个子系统探讨了如何构建与量化人口承载力指标系。童玉芬（2009）从水资源视角探讨了西北地区的人口承载力状况及其动态变化，并分析了西北地区人口对资源和环境的压力状况，指出该区域人口承载力较低但有向好趋势。赵红丽、卢玉文（2011）运用生态足迹模型对新疆兵团人口承载力进行了测算，结果表明，兵团人口承载力下降趋势显著、压力有所增大，生态承载力下降和生态足迹上升是其直接原因。汪自书等（2016）综合考虑水资源、大气环境、能源和水环境四个方面的资源环境约束，测算了北京市人口综合承载力，结果显示：水资源、大气环境和水环境对人口的限制性较大。朱红波等（2018）基于土地自然与经济的双重属性，对中国西部地区的人口承载力进行了预测，结果显示，大部分地区的土地资源能够满足未来人口增长的需要。

1.3.1.5　区域承载力研究

随着单要素承载力研究的不断深入，学者们开始转向区域承载力研究，区域承载力是一个综合考虑多个单要素承载力的概念，试图将多个单要素纳入到一个框架下分析，从而开辟了承载力研究的另一个方向。张传国等（2002）将干旱区绿洲视为相对独立的一个区域，综合考察该区域承载力的构成，认为水资源承载力是绿洲承载力研究的核心。张传国、刘婷（2003）解释了绿洲系统“生态—生产—生活”承载力的内涵，分析了“三生”承载力的驱动机制，认为水、投资与人口三者共同影响“三生”承载力的模式类型与更替机理。狄乾斌、韩增林（2004）将承载力的概念与分析方法引入海洋可持续发展研究，对海域承载力问题进行了有益的探索。王国红、刘颖（2008）分析了区域承载力与地区产业集成的关系，认为区域承载力是影响产业集成的关键因素。史宝娟、郑祖婷（2014）认为资源消耗大、污染物排放增加、环境恶化、交通拥堵等问题与综合承载力相关，据此构建综合承载力评价指标体系，对河北省进行了实证测算。刘明华等（2014）综合考虑区域压力、承压和区域交流等方面因素，建立区域综合承载力动态评价指标体系，对河南省进行了实证测算，分析了影响其区域综合承载力的单项指标。韩美等（2017）对海岸带区域综合承载力进行了探讨，运用状态空间法对东营与潍坊、滨州的海岸带区域综合承载力进行了比较分析。郝庆、邓玲（2019）研究指出承载力研究在国土空间规划应用中存在概念边界模糊、评价依赖于指标测算、传导机制研究不深入等问题。

1.3.2　国内外关于城市群的研究

1.3.2.1　关于城市群的概念

城市群这一概念是我国学者姚士谋（1992）提出的概念，是指在特定的地域范围内具有一定数量的不同等级规模、不同类型的城市，以一个或者两个大都市作为核心，借助于现代化的交通工具和综合运输网络和信息网络，强化城市之间的内在联系，共同构成一个相对完整的城市集合体。法国地理学家 Jean Gottmann（1957）在研究美国东北部都市区连绵化现象时提出大都市带的概念，是学术界关于城市群问题的研究起源，大都市带通过发挥其中心城市的枢纽功能和孵化器功能，使得都市带内城市的人口、信息、资金、交通剧烈流动，从而带动区域连片发展。周一星（1986）结合中国实际，提出了都市连绵区的概念。覃成林、周姣（2010）认为城市群是指一定地域范围内若干联系密切的城市组成的集合体，集合体内各个城市具有共同的利益目标和集体行为，相互之间存在着规模等级、空间结构以及功能分工。陈美玲（2011）认为城市群概念的不统一不利于该领域的深入研究，从功能范围特征、空间结构特征以及发展时序特征三个维度给予城市群不同的理解，认为城市群是一个在时空上具有较大适应性和应用广度的概念。刘玉亭、王勇等（2013）通过文献梳理指出，国内城市群研究对其内涵与外延应该统一认识、明确城市群研究的边界，在统计口径上做到统一，进而研究者可获取准确数据做深入探究。马燕坤、肖金成（2020）对都市区、都市圈与城市群的概念内涵进行了比较分析，认为城市群描述的是都市圈之间或与城市圈空间耦合构成的更广阔地域，其形成的前提条件是都市圈。总之，随着“城市群”概念的提出与发展，关于城市群的学术研究也纷至沓来，成为区域经济学学科的一个重要研究领域。

1.3.2.2 关于城市群的识别和范围界定

代合治（1998）基于姚士谋等对城市群的界定，以区域面积、人口与城市数量、城市等级结构，将城市群划分为特大型、大型、中型及小型四种类型，并判定中国存在的城市群数量与类型。李震、顾朝林（2006）使用传统引力公式代替集聚值，引入城市规模，通过测算判定中国共形成了 6 个块状组团式城市聚集区、10 个条状组团式城市聚集区和 8 个大城市为核心的城市群区。王丽（2013）综合了城市群识别的硬件指标，引入区域作用强度，提出了城市群的识别体系，判定当前中国存在九大成熟城市群。黄金川等（2014）运用 GIS 技术对中国城市群发育格局进行了识别，认为中国发育形成由 156 个都市区、25 个联合都市区、3 个准都市连绵区和 3 个都市连绵区构成的城市群格局。李凯等（2015）参照城市群空间扩展模式构建五阶段空间演化模型，识别三大典型城市群空间范围，并探讨中国城市群空间扩展的驱动机制。黄金川（2016）采用场强模型对中心城市辐射强度进行区域识别，认为中国共发育形成18个城市群，包括3个都市连绵区、6个准都市连绵区和9个联合都市区。曾伟平、朱佩娟（2017）采用空间分区法和指标法对中国城市群进行识别与发育格局判定，认为中国现已形成5个国家级、6个区域级和7个地区级的城市群发育格局。周亮、赵琪等（2019）运用POI与NPP/VIIRS灯光数据，基于密度的曲线阈值法与分形网络演化算法，对中国成熟度最高的3个城市群边界范围进行精准识别，并解析其空间特征。梁泽等（2020）运用夜光遥感影像与百度POI数据对中国14个城市群的空间范围进行识别，指出仅8个城市群的空间范围与规划范围接近。综上所述，随着技术手段特别是信息技术的不断升级，对城市群的识别和范围界定技术与研究方法也在不断地发展。

1.3.2.3 关于城市群整体协调发展的研究

随着我国城市群的快速发展，城市群整体的协调发展问题逐渐进入学者们的研究视野。靖学青（2002）参考西方大都市区组织管理模式，对长三角城市群提出了建立推进城市群协调发展的具有跨界职能的组织管理机构。谢涤湘（2003）认为城市群协调发展的关键在于开展制度创新、规范政府行为、维护公众利益。党兴华等（2007）研究认为市场与政府行为二者的外部性导致城市群内部存在利益矛盾，阻碍城市群协调发展。刘志虹、彭翀（2007）提出以统筹、协调发展为目的，城市群空间结构规划应从城市群整体、都市区和城镇个体三个层次展开。赵璟、党兴华（2008）认为现行城市群公共治理模式促成和延续了中国城市群发展的不协调，建议引入新公共服务治理模式，从维护公共利益、肯定公共权利和保护公共精神等方面促进城市群的协调发展。王玉珍（2009）研究认为长三角城市群20多年发展过程中存在协调发展机制缺失问题。覃成林、周姣（2010）探讨了城市群协调发展的内涵与实现路径，提出城市群协调发展是指在内外力作用下系统秩序形成、发展能力增强的演进过程，须通过战略规划、政策规制、要素流动、产业分工等路径予以实现。熊雪如、覃成林（2013）从城市群协调发展的主客体关系出发，拓展现有城市群协调发展模式并构建基本框架，从空间发展、经济运行、社会组织、公共设施和生态环境5个方面对我国城市群协调发展模式进行比较分析。丁国峰、毛豪乾（2016）研究指出我国城市群协调发展的法律保障机制不完善，存在规划抽象难以落实、合作缺乏法律保障、协调组织机构缺失、缺少纠纷解决机制等问题。鲁继通、张晶（2017）运用熵权赋值法和耦合协调度模型，测度和分析了京津冀城市群经济—科技—人口—土地的协调关系及演化特征，从整体上看，京津冀各城市耦合协调水平处于上升趋势。赵曦、王金哲（2019）探讨了金融资源空间整合的城市群协调发展效应，结果显示，金融资源差异系数、金融中心辐射能力以及金融与经济协调程度三方面表征的金融资源空间整合存在城市群协调发展效应，其中成熟型城市群协调发展效应明显。

1.3.3 国内外关于城市或城市群承载力的研究

1.3.3.1 城市承载力研究

对于城市承载力概念内涵的理解，Onishi（1994）的观点具有代表性，他认为城市承载力首先是城市自然资源环境基底对人类活动的支撑力，其次是人类"索取"行为对自然资源环境的压力，是一种综合性概念。从具体的研究内容来看，对于城市承载力的研究也分为单要素承载力和多要素综合承载力两种类型。①水资源承载力方面，学者们运用系统动力学模型（崔凤军，1998；王建华、江东等，1999；韩俊丽、段文阁等，2005；李玲玲、徐琳瑜，2017）、灰色物元分析法（李姣、严定容，2013）、DEA模型（苏伟洲、王成璋，2015）等模型方法对相关城市水资源承载力进行了模拟和预测；②土地承载力方面，高洁宇（2013）认为城市土地承载力评估应考虑生态敏感性，孙钰、李新刚（2013）提出影响城市土地综合承载力的因素包括人口、资源环境和经济社会因素3个方面，靳亚亚、靳相木（2018）将土地承载力界定为承压方所能支撑施压方的限度，构建了土地承载力指数，借助承压施压耦合曲线对相关城市土地承载力进行实证分析；③生态承载力方面，学者们运用胡焕庸线（钟茂初，2017），或者基于支撑力—压力分析框架（于翠英、朝克图，2013；王维、张涛等，2017）对于相关城市生态承载力进行了分析评价；④资源环境承载力方面，学者们运用层次分析法（陈海波、刘旸旸，2013；张小刚、罗雅，2013）、系统动力学模型（皮庆、王小林，2016）、综合评价法（贾滨洋等，2018）以及状态空间模型（尚勇敏、王振，2019）等方法手段对相关城市资源环境承载力进行实证分析；⑤城市综合承载力方面，不同学者从土地、水、交通、环境、经济、社会、人口等中的若干要素出发，对相关城市综合承载力进行评价或实证分析，具体方法主要有构建结构模型（李东序、赵富强，2008；罗凤金、许鹏等，2012）、灰色关联法（冯煜雯，2012；阎东彬，2015）等。

1.3.3.2 城市群承载力研究

城市群作为重要的集聚经济体，其承载力问题日益成为研究热点。Steve Egger（2006）指出，城市承载力研究需综合考虑城市作为个体和作为城市群网络的组成部分两方面的内容。国内学者对于城市群承载力的研究也经历了由单要素分析到多要素综合评价的过程。

在单要素承载力方面包括：①李灿、徐映梅（2011）和付桂军等（2015）构建指标体系对相关城市群的水资源承载力进行实证分析；②许联芳、谭勇（2009）运用状态空间法，孙钰等（2012）运用 TOPSIS 法对相关城市群的土地承载力进行评价分析，李新刚等（2018）构建 PVAR 模型分析了京津冀城市群土地承载力与经济发展水平的耦合协调程度；③廖志高、许明辉（2013）综合运用生态足迹模型、灰色关联度和聚类分析方法等对相关城市群生态承载力进行实证考察，朱玉林等（2017）运用压力—状态—响应模型探讨了相关城市群生态承载力安全预警问题，陈肖飞、郭建峰（2018）基于利奥波德的大地伦理观思想分析了相关城市群新型城镇化与生态环境承载力的耦合协调问题；④张学良、杨朝远（2014）从资源环境总量、资源环境效率、环境 TFP 等方面评价了中国城市群的资源环境承载力，结果表明总体上呈“东高西低”格局，段佩利等（2019）实证考察了五大城市群开发强度和资源环境承载力的耦合协调关系。

在多要素综合承载力方面包括：刘惠敏（2011）采用时序全局因子法对长三

角城市群土地、水、交通和环境等单要素承载力进行综合评价，表明该城市群综合承载力总体趋向改善。黄志基、马妍（2012）从资源、环境、生态三个维度构建评价体系，对中国 16 个城市群综合承载力进行评价。曾鹏、王云琪（2015）从自然资源、经济资源和社会资源三个方面分析中国十大城市群综合承载力现状，表明经济资源对承载力贡献普遍较大，自然资源的贡献不均衡。孙健夫、阎东彬（2016）以系统演化理论为支撑构建系统耦合模型，对京津冀城市群综合承载力系统耦合机制及动力机制进行了探讨。葛星、郑耀群（2018）借助 Dagum 基尼系数、Kernal 核密度估计和 Markov 链实证考察了九大城市群综合承载力的区域差距及其动态演化，表明中国九大城市群综合承载力的总体差距呈下降趋势。

1.3.4　中国西北地区城市（城市群）承载力的研究

西部大开发以来，西北地区五省区迎来快速发展时期，城市规模扩大、城市人口增多、产业集聚加快，“城市病”在一些城市不同程度地出现，少数学者开始关注该地区的城市承载力问题。王亚娟、米文宝（2010）构建指标体系，运用因子分析法和模糊聚类法对宁夏沿黄城市带生态环境承载力进行评价分析，结果表明城市间生态环境承载力差异较大。岳立、于翠（2011）运用生态足迹法对甘肃张掖市生态承载力进行了测算分析。冯煜雯（2012）综合考虑土地、水、交通、环境四方面要素，构建指标体系，运用灰色关联法对西安市综合承载力进行评估与预测。高新才、王方（2012）采用相对资源承载力的思路和方法，动态分析兰州市资源承载力及其演化过程，结果表明兰州市承载力处于超载状态。付金存等（2014）基于“压力—状态—响应”（PSR）分析框架，构建评价指标体系，对新疆城市综合承载力进行评价研究，结果表明新疆城市综合承载力呈显著下降趋势，空间分异特征明显。

1.3.5　简要评述

综上所述，全球城镇化、工业化的迅猛发展，导致环境污染、生态破坏等问题日益严重，促使人们意识到生态环境保护和生态文明建设对人类自身的可持续发展具有重要的意义，承载力问题也日益成为实务界与理论界关注的热点，有关承载力方面的文献越来越多（见图1－1），这些高质量成果所提出的理论与方法为本研究奠定了坚实的基础。

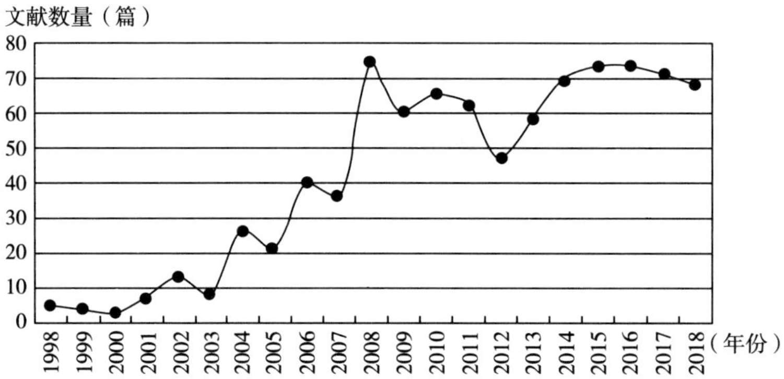

图1－1　1998～2018年题名含“承载力”的中文核心、CSSCI来源期刊文章发表年度趋势①

但关于城市群承载力研究仍然存在如下不足：①对于城市群以及城市群综合承载力的内涵尚未形成较为统一的认识，造成相关指标的统计核算口径不一致，不利于该领域的深入研究；②已有研究主要集中于短缺性资源的单要素承载力研究，近年来虽然有学者开始关注城市群的综合承载力问题，但总体上看研究尚处于起步阶段；③现有文献对国内典型城市群承载力的研究多集中于发展较为成熟的东部地区或中部地区城市群，对于处于成长期的欠发达地区的城市群综合承载力的研究，特别是系统性的研究还比较少见。

鉴于此，本书以中国西北地区相关城市群作为具体的分析对象，深入考察西北地区城市群及群内城市综合承载力现状，分析判断其综合承载力存在的短板与

① 中国知网中文核心期刊、CSSCI来源期刊文献分类目录选择的子库包括哲学与人文科学、社会科学Ⅰ辑、社会科学Ⅱ辑、信息科技和经济与管理科学。

制约因素，实证探讨综合承载力的影响因素，从而为提升西北地区城市群综合承载力提供理论参考与政策依据。

1.4 研究思路、框架设计及各部分主要内容

1.4.1 研究思路与框架设计

本书以系统理论思想与承载力相关理论为指导，运用实证分析与规范分析相结合的方法，考察中国西北地区城市群综合承载力现状与问题，为承载力提升提出政策建议。具体研究思路如下：首先，运用翔实的资料数据梳理西北地区城市群的演进历程与发展现状，以便较全面地把握研究对象的基本情况；其次，科学构建评价指标体系与测算模型，分别从城市群和群内城市两个层面，测算分析西北地区城市群综合承载力指数，系统剖析城市群及群内城市综合承载力的短板与制约因素；再次，从群内城市层面出发，实证分析西北地区城市群城市综合承载力的影响因素，以期进一步为提升西北地区城市群综合承载力找到施力点；最后，作为研究的出发点与落脚点，为提升西北地区城市群综合承载力、推进西北地区的经济社会高质量发展提出政策建议。

研究框架设计如图1－2所示。

1.4.2 各部分主要研究内容

按照上述研究框架设计，本书共分为五个部分，共8章内容，具体如下：

第一部分，即第1章，绪论。本部分对研究的背景和意义进行了分析，按照研究主题的分类对城市群综合承载力相关研究文献进行了梳理与回顾，在此基础上厘清研究思路，设计研究框架。

第二部分，即第2章，相关概念界定与理论基础。对研究涉及的城市群综合

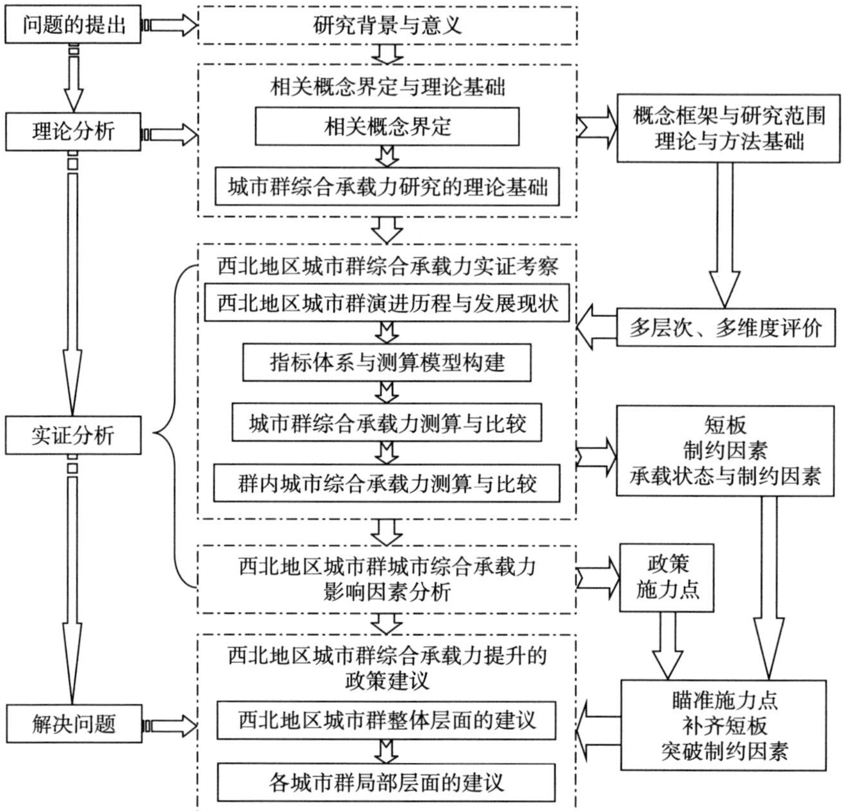

图 1－2　研究框架设计

承载力相关核心概念的内涵与外延进行界定，为后文研究规定概念框架与研究范围，然后对与研究相关的理论基础进行梳理与分析，为实证研究奠定理论与方法基础。

第三部分，即第 3 ~6 章，实证考察西北地区城市群综合承载力的现状与问题。具体包括：中国西北地区城市群演进历程及其发展现状（第 3 章）、城市群综合承载力评价指标体系与测算模型的构建（第 4 章）、中国西北地区城市群综合承载力测算与比较分析（第 5 章）以及中国西北地区城市群城市综合承载力的测算与比较分析（第 6 章）。通过对西北地区城市群综合承载力进行多层次、多维度评价，系统剖析、判断其综合承载力存在的短板与制约因素，为提出政策建议提供现实依据。

第四部分，即第 7 章，中国西北地区城市群城市综合承载力的影响因素分析。从群内城市层面出发，结合中国西北地区城市群的实际情况，选取面板数据模型实证分析西北地区城市群城市综合承载力的影响因素，以期为提升综合承载力找到施力点。

第五部分，即第 8 章，中国西北地区城市群综合承载力提升的政策建议。本部分是本书研究的最终目的，即依据前文短板、制约因素以及影响因素的分析结果与结论，从整体和局部两个层面分别提出提升中国西北地区城市群综合承载力的政策建议。

第2章　相关概念界定与理论基础

概念界定是研究的起点，本章首先对城市群综合承载力相关核心概念的内涵与外延进行界定，为后文研究规定概念框架与研究范围，然后对与本研究相关的理论基础进行梳理与分析，为实证研究奠定理论与方法基础。

2.1　相关概念界定

2.1.1　城市群

2.1.1.1　国外城市群概念内涵的演变

城市群是人类社会发展到一定阶段的产物，是与工业化、城镇化相伴而生的一个历史现象。19世纪末至20世纪初，以英国为代表的欧美发达资本主义国家，在工业革命的催生下，各种经济资源不断聚集，大量失业农民涌向城市，城市化进程空前高涨。在一些地理条件优越、工业密集的地区，逐渐出现了城市的连线或连片发展现象，同时也伴随着不同程度的交通堵塞与环境污染等“城市病”，“城市群”问题逐渐进入了学界视野，之后一直是区域经济领域的研究主题之一，对于“城市连线或连片发展现象”相继出现了不同的表述方式。

（1）英国城市学家Ebenezer Howard于1898年提出了“Town Cluster”的概

念，即“城镇集群”，用以表述城镇相对集中的现象①。

（2）20 世纪初，美国出现了大城市人口向郊区迁移的现象，带动周边乡村区域的“城市化”进程，城市的连线或连片现象凸显，英国区域规划创始人 Geddes（1915）提出了“Conurbation”的概念，即“集合城市”②，用以表述在工业化推动下的城市连片现象。

（3）20 世纪 50 年代，美国东北部海岸城市发展迅速，从波士顿到华盛顿，一连串大城市集聚在一起，法国地理学家 Gottmann（1957）就此提出了“Megalopolis”的概念，即“都市连绵区”，用以表述城市大范围连绵发展的现象③。

（4）加拿大地理学家 McGee（1987）提出了“Desakota”的概念④，即“城乡混合区”，特指在一些特大城市周边、由城市和乡村相互作用形成的过渡带，主要描述的是农业国家城市与农村之间相对混杂的“灰色地带”。

（5）21 世纪初，全球范围内城市化出现新的现象，一批中小城市围绕一个或多个特大型城市，大小城市间合理分工，相互合作，共生发展，英国城市学家 Peter Hall 和 Kathy Pain（2006）将这种现象命名为“Polycentric Mega – city Region”⑤，即“多中心巨型城市区域”。

2.1.1.2　国内城市群内涵的界定

国内学界对于城市群的关注与研究起步于 20 世纪 80 年代，与我国城市化发展实践相一致。对于城市群概念的认识主要来自国外“Megalopolis”和“Metropolitan Area”等相关术语，然而由于相关学者的学科背景等方面有所不同，在翻译过程中对于“城市群”概念及其内涵在语言表述上存在差异。严重敏（1985）

① 埃比尼泽·霍华德．明日的田园城市［M］．北京：商务印书馆，2010.

② Geddes P. Cities in evolution: An introduction to the town – planning movement and the study of cities［M］. London, UK: Williams and Norgate, 1915.

③ Gottmann J. Megalopolis or the urbanization of the northeastern seaboard［J］. Economic Geography, 1957, 33: 189 – 200.

④ McGee T G. The emergence of desakota regions in Asia: Expanding hypothesis［M］. Honolulu: University of Hawaii Press, 1987.

⑤ Peter Hall, Kathy Pain. The polycentric metropolis: Learning from mega – city regions in Europe［M］. London: Earthscan, 2006.

提出了“城镇体系”的概念，内涵表述为“在一定地域范围内的城镇系统，由相互关联、具有一定结构和功能的若干大小不同的城镇组成”。顾朝林（1991）提出“城市经济区”概念，内涵表述为“以某一大型城市为中心，外围腹地有一批中小城市，大中小城市之间凭借便捷的交通网络互联互通，进而形成都市圈协作共同体”。姚士谋（2006）认为所谓城市群是指在一定空间范围内，彼此分离的城市通过交通网络相互连接，形成的一个相互依存的有机体。方创琳（2014）将城市群界定为“在特定地域范围内，以 1 个或多个特大城市为中心，3 个或更多中小型城市为外围发展的空间单元。城市之间交通通信网络发达、经济联系紧密、空间上紧密聚集的高度一体化城市群体”。综合以上学者观点，本书认为：城市群指在地理上相互毗邻、经济上紧密联系、功能上分工合作、交通上联合一体，以中心城市为核心向周围辐射构成的多个城市的集合体。

2.1.2 承载力

单就“承载力”而言，最初是一个物理学概念，指的是物体在不受到任何负面影响时能够承受的最大负荷。承载力概念具有很强的适应性，随着人类科学研究活动的不断深入，学者们将其广泛应用于自然界和人类社会研究的各个领域，在不同的研究领域和发展阶段，承载力的概念内涵随之不断变化，承载力理论逐渐形成和发展，并应用于人类各项活动实践中。承载力理论最初得到应用是在畜牧业和人类生态学领域，Park 和 Burgess（1921）在人类生态学研究中提出“承载力即在某一特定环境条件下，某种个体存在数量的最高极限”。20 世纪中叶以来，全球性的人口膨胀、资源短缺、生态环境恶化，推动承载力研究向纵深发展，进而衍生出一系列有各自内涵的相关承载力概念，主要包括土地承载力、矿产资源承载力、水资源承载力、环境承载力、生态承载力、人口承载力、资源环境承载力，等等。学界对这些概念内涵的解释，代表性观点概述如下：①土地承载力，即在维持一定水平并不引起土地退化的前提下，一个区域能永久地供养人口数量及人类活动水平的能力（William，1949）[①]，简言之，土地承载力就是指土地对人类生存和发展的支撑能力；②矿产资源承载力，即一个区域的矿产资源数量对于人口消费需求和经济发展速度的支持能力（徐强，1996）[②]；③水资源承载力，即在一定的历史时期，在不破坏社会和生态系统的情况下，特定区域的水资源可承载的农业、工业、城市规模和人口的最大能力（施雅风、曲耀光，1992）[③]；④环境承载力，即人为或自然环境系统在不遭受严重退化的情况下，一个区域的环境对于人口增长的持续容纳能力（Schneider，1978）[④]；⑤生态承载力，即一定时期内在确保资源合理开发利用和生态环境良性循环发展的条件下，一个区域的生态系统可以持续承载的人口数量、经济强度和社会总量的能力（高鹭、张宏业，2007）；⑥人口承载力，即一定时期内，某一特定区域在其土地、水等资源可持续利用以及经济社会可持续发展条件下所能承载和容纳的人口总量（赵玲，2010）；⑦资源环境承载力，即在某一特定时期内，在保证资源合理利用、生态环境保持良好的前提下，特定区域的资源环境条件对于人口规模和经济总量的承载能力（王丽萍、李淑琴，2018）。近30年来，学者们进一步提出了交通承载力、经济承载力、基础设施承载力、社会承载力和文化承载力等概念，用以表征特定区域内交通、经济、基础设施、社会、文化等要素对于人类活动可持续发展的支撑能力。

由以上分析可以看出，由于考察的对象不同，上述各相关承载力的概念内涵存在较大差异，但是从本质上看，承载力相关概念的核心内涵均在于强调特定区域系统内部能够承受外部影响的最大限度，换言之，都旨在描述某个区域的发展限制程度。学界对于承载力上限的研究，比较一致的观点是：任何承载力都存在一定的阈值，超过这个阈值则意味着“超载”，而“超载”就会威胁到经济社会

---

① William V. Road to survival［M］. London：Victor Gollanez，1949.

② 徐强. 区域矿产资源承载能力分析几个问题的探讨［J］. 自然资源学报，1996（2）：135－141.

③ 施雅风，曲耀光. 乌鲁木齐河流域水资源承载力及其合理利用［M］. 北京：科学出版社，1992.

④ Schneider W A. Integral formulation for migration in two and dimensions［J］. Geophysics，1978（1）：49－76.

的可持续发展。

2.1.3 城市群综合承载力

城市群综合承载力概念的提出，源于城市群飞速发展所带来的一系列“城市病”加剧问题，与这个概念相关的还有城市承载力，是其前置概念。城市承载力，实质上是一种“区域承载力”，其关注的重点在于“城市”这个特定区域，如前文所述，城市承载力首先是特定城市的资源环境对于人类活动所具有的支撑能力，其次是人类的各种行为对于资源环境造成的压力，因而是一个综合性的概念。根据关注的主题不同，城市承载力可以分为若干单要素或多要素综合分析，各自的具体内涵上文已做分析，无非是各种承载力考察的对象区域在于“城市”。

城市群，指的是在地理上相互毗邻、经济上紧密联系、功能上分工合作、交通上联合一体，以中心城市为核心向周围辐射构成的多个城市的集合体。依据此概念内涵，城市群从空间尺度来衡量，其空间范围远大于单个城市，是一个更为庞杂的空间系统，该系统由若干具有一定结构和功能的单个子系统（或要素，即城市）构成，各个子系统相互影响、相互制约、相互作用，共同完成城市群系统使命。因此，相比较于城市承载力的概念，城市群综合承载力的概念内涵显然更加复杂。臧锐、杨青山等（2010）认为，城市群综合承载力，即城市群整体在一定时期内可资利用的资源、生态环境、基础设施、公共服务等承载体对人口及其经济社会活动等受载体的承载能力。邵馨（2015）将其定义为“为达到人口、经济、社会、资源与环境等相互协调的目标，城市群所能承载的各种活动的规模与强度的阈值”。曾鹏（2015）认为，城市群综合承载力，是指在确保各类资源被合理利用并且环境能够良性循环的条件下，城市群内能够承载的人口数量及相应的经济社会总量。

综合以上分析，本书认为：城市群综合承载力，指的是在一定时期内，由若干大中小城市组成的城市群整体，在其资源环境总量与质量约束下以及自身所提供的公共服务与基础设施的支持下，所能承载的人口规模与社会经济活动总量。在这个概念当中，资源、环境的总量与质量是大自然所赋予的，是约束型承载体。公共服务、基础设施是群内人口自身在生产实践过程中所创造的，是可变型承载体。而人口规模与社会经济活动则是受载体。从本质来看，城市群综合承载力是通过各承载体的承载能力来实现的，并与各承载体承载力强弱呈正相关关系，但并非简单加总关系，而是各承载体相互作用、有机组合的结果。理论上，特定城市群承载体的承载能力存在阈值，而整个城市群的承载力的大小状态，则取决于承载体和受载体两个方面，若受载体总量规模超过了承载体承载阈值，则会出现“超载”现象。

2.2　城市群综合承载力研究的理论基础

2.2.1　资源稀缺理论

2.2.1.1　资源稀缺理论的产生和发展

随着人类文明的不断进步，人类对自然的利用和改造日益加深，自然资源的消耗也在不断加剧，水资源、矿产资源、土地资源等自然资源日益显示出其稀缺性，资源稀缺理论随之产生。18 世纪末，人口学家托马斯·马尔萨斯发表《人口原理》，从土地资源无法满足人口不断增长产生的生存需要这一矛盾出发，建立起著名的人口论和自然资源绝对稀缺论和相对稀缺论。随后，英国经济学家约翰·穆勒提出有限的土地数量和生产力是制约人类经济增长的重要因素。为了进一步揭示资源稀缺与经济发展的关系，19 世纪 70 年代，以马歇尔为代表的新古典经济学派开始关注资源利用的边际效用，注重边际成本与边际收益，将研究重心转向在资源稀缺的条件下，实现资源的合理配置和有效利用，达到资源配置的帕累托最优状态。20 世纪以来，经济学家对可持续发展理论的研究和探索吸取了资源稀缺理论的观点，实现了资源稀缺与可持续发展思想的结合。

2.2.1.2 资源稀缺理论的内涵

资源是人类社会发展的重要支撑和基础，稀缺是人类面临的基本约束，资源的有限性和人类需求的无限性之间的矛盾是人类社会的基本矛盾，资源的这种天然有限性导致了资源稀缺，资源稀缺本质上是自然资源总量相对于人类需求数量的不足。进一步对资源稀缺作经济学解释，可从供给和需求的角度分析，根据供需关系将资源稀缺分为两种，即绝对稀缺和相对稀缺。资源的绝对稀缺是由于自然资源在物理数量上有限且在经济上稀缺，这种稀缺性不会随着技术进步和经济社会的发展而改变，资源的总供给长期稳定不变，无法满足社会经济增长对资源总需求的增加，资源配置的帕累托最优状态难以实现。资源相对稀缺是指由于不同地区间的资源不均衡分布，各地区对资源开发利用程度也存在差异，导致的局部资源相对不足。

2.2.1.3 资源稀缺理论与城市群综合承载力

资源是支持城市发展的重要基础，由于资源具有稀缺性，城市和城市群协同发展必须重视资源利用问题，实现资源的高效、可持续利用和合理配置。资源承载力是城市群综合承载力的重要构成要素，在城市群建设和社会经济发展过程中会产生更多的资源需求，但不能超出资源环境限制，资源的稀缺性和地域的局限性限制了城市群综合承载力和城市规模的无限扩张。具体而言，土地资源的稀缺性决定了城市群土地承载力的有限性，要提升土地的综合承载必须合理规划利用土地资源，确保经济效益和生态效益二者兼顾。其中，首要任务是切实保护土地安全，特别是耕地安全，减少盲目扩大城市建设用地侵占耕地的现象，通过保护耕地资源来保障粮食供给和人民生活，同时还要加强对城市群区域内荒漠、沙地等脆弱生态区土地和生态系统的保护。矿产资源是支撑城市群工业发展的重要基础性资源，大部分矿产资源具有的不可再生性使其稀缺性更加凸显，对其过度开采和粗放利用将严重破坏当地自然环境和资源结构。因此，必须重视矿产资源的合理开采和集约化利用，而且不同地区的资源禀赋存在较大差异，各类矿产资源地区间分布不均衡，这就要求城市群间加强资源的合理配置，实现资源利用效益最大化，从而有效提高城市群资源环境承载力。另外，资源稀缺性问题能够促使人类不断推动技术进步，加快科技革新，研究开发绿色、清洁、可再生能源并运用到生产生活中，提高资源供给水平和质量，满足日益增长的资源需求，有利于城市群综合承载力的提高。

资源稀缺理论是研究城市群综合承载力的重要前提，资源稀缺性的相关研究所采用的研究方法和理念为综合承载力研究提供了基础，可以适当引入到城市群综合承载力的研究当中。资源利用集约化与城市群综合承载力提升的关系极为密切，城市群综合承载力逐步提高的过程本身就是资源配置优化和利用效率提高的过程，而有效配置和集约利用资源也是城市群资源承载力、经济承载力和综合承载力提升的必要条件，因此，研究城市群综合承载力提升必须充分考虑资源的稀缺性，在资源有限的条件下合理规划城市群发展。

2.2.2 可持续发展理论

2.2.2.1 可持续发展理论的起源与发展

可持续发展理论起源于20世纪50年代，西方各国在“二战”期间经济遭到严重破坏，为加快战后重建并恢复经济，各国加速推进工业化，在发展经济时不惜以牺牲资源环境为代价，造成了资源耗竭、生态破坏、环境污染等一系列问题，由此引发了人们对人类社会发展问题的反思。六七十年代，《寂静的春天》和《只有一个地球》两部著作先后发表并享誉全球，引起了西方社会各界对环境问题的关注和重视，改变了人们对社会发展与生态环境二者关系的传统观念，人们开始意识到经济社会发展不是发展的全部，而应该加强对环境的保护，注重人与自然、经济与环境的和谐发展，由此拉开了可持续发展理论研究的序幕。1972年，联合国第一次人类环境会议在瑞典首都斯德哥尔摩举行，会上通过了《人类环境宣言》，明确提出经济与环境要协调发展，为可持续发展战略的实施奠定了基础。1987年，联合国世界环境与发展委员会在其研究报告《我们共同的未来》中科学界定了“可持续发展”的概念并具体阐释其内涵，引起了世界各国舆论及政府组织对环境与发展问题（可持续发展问题）的重视。而后，在1992年，联合国环境与发展大会召开并通过《21世纪议程》等多项重要文件，可持续发展理论的思想得到了世界各国的普遍认可和接受，为全球可持续发展实践提供了理论基础。

2.2.2.2　可持续发展理论的具体内容

可持续发展的概念自提出以来，国内外学者就对其提出了多个不同的定义，目前被普遍接受的是《我们共同的未来》中的概念，即“可持续发展是既满足当代人的需求，又不对后代人满足其需求的能力构成危害的发展”。可持续发展的理念致力于实现人类社会的长足发展，要求既要保证经济社会充分发展，又要兼顾对自然资源的合理利用和对生态环境的保护，以保障人类社会永续、健康发展。

可持续发展的具体内容主要包括经济、生态和社会三个方面的可持续发展，当这三个方面实现协调统一，即人类在发展的同时不断提高经济效率、保护生态环境和促进社会公平时，某一区域才能实现可持续发展。具体而言，从经济角度来看，经济可持续发展的目标是整个人类社会的福利最大化。可持续发展的核心是发展，既不能为了经济发展而无节制地破坏环境，也不能过度强调环境保护而忽视发展。可持续发展鼓励经济增长，但绝不是简单地追求经济在数量上的增长，而是强调经济发展的高质量，它要求人类转变传统的生产和消费方式，由“高投入、高消耗、高污染”逐步转向“低消耗、低污染、高产出”的模式，减少污染并杜绝浪费，促进经济效益和经济发展质量的同步提升。从生态视角来看，可持续发展要求人类必须在地球承载力的范围内利用资源和环境，在推动经济社会发展的同时加强对生态环境的保护和改善，降低经济发展的环境成本，实现资源的集约、循环、可持续利用，使人类社会发展与资源环境承载能力相协调。从社会发展角度来看，实现社会公平是可持续发展的重要目标。可持续发展不仅要求在国家范围内实现社会公平，也强调国际间的公平公正，世界各国处于不同的发展阶段，具体国情和发展目标存在差异，但发展的共同目标都是为了不断改善人们的生活质量，使各社会成员都能公平享有接受教育和医疗服务的权益，并免受暴力威胁。此外，可持续发展理念还具有超前的伦理观，颠覆了传统的伦理意识，提出了“世代公平”的观点，要求可持续发展在保证当代人社会公平的同时要注重代际联系，拓展至后代人，努力实现社会的世代公平。

2.2.2.3　可持续发展理论与城市群综合承载力

可持续发展和城市群综合承载力具有相辅相成的密切关系，城市群综合承载力是可持续发展的重要表现和依据，综合承载力的不断提升与可持续发展互为前提和根本目标。两者在概念内涵上相互贯通，均是基于经济社会发展过程中，人类不断增长的资源环境需求与生态保护的要求之间的矛盾日益突出而提出的，均致力于解决人口—经济—社会—生态四者关系这一核心问题。可持续发展中的共同发展、协调发展和公平发展的思想对城市群综合承载力的研究具有重要的理论参考价值，在城市群的发展规划中，要促进城市的经济、文化、环境、基础设施、公共服务等各方面共同发展，城市群内部经济—社会—生态三大系统的协调发展和共同构成城市群的各个城市间的公平发展，才能保证城市群的全面可持续发展，有效提升综合承载力。

可持续发展理论是综合承载力研究的理论基础和指导思想，研究城市群综合承载力，应立足于城市群综合承载力研究的现实与长远意义，要综合考虑城市群系统对区域人口、经济、社会、资源和环境协调发展的支撑能力，离开或偏离持续发展模式来搞经济建设是没有意义的，必须在可持续发展战略构架下探讨城市群综合承载力问题。城市群综合承载力是可持续发展理论在城市群系统的具体体现和应用，进行城市群综合承载力研究可以有效地促进国家或地区的经济社会可持续发展。

2.2.3　区域竞争力理论

2.2.3.1　区域竞争力理论的内涵

区域竞争力就是一个区域能够在全球范围内吸引和有效配置资源，并均衡地生产出比其他同类经济区域（竞争对手）更多的物质财富、控制并占领更大的市场份额，最终实现区域经济社会可持续发展的能力。从表现方式上看，区域竞争力共涉及软件和硬件两个方面。具体来讲，硬件竞争力主要包括人力资本、物质资本、基础设施、生态环境、综合区位等因素；而软件竞争力主要包括文化、管理、制度、价值取向等因素。这些软硬件影响因素对区域竞争力的作用方式、性质特点及对区域竞争力的影响程度均各不相同。区域竞争力系统的各要素之间，要素与竞争力系统整体之间存在各种相互作用、相互影响的关系。其中，创造财富是体现区域竞争力的外在形式，经济和社会持续发展是增强区域竞争力的根本目的，资源聚集和有效配置是提高区域竞争力的根本途径。某一区域在与其他区域相互竞争的过程中，通过要素环境体系、产业结构体系和产出价值体系的相互作用，形成区域的竞争力。

2.2.3.2　区域竞争力理论与城市群综合承载力

区域竞争力是区域综合承载力的具体体现。城市群是一个特定的区域，城市群竞争力可以看作区域竞争力的一部分，区域竞争力的研究成果可以为城市群综合承载力研究提供理论依据与实践参考。城市群竞争力是在资源要素流动过程中一个城市群比其他城市群拥有的竞争优势，是一个由多方面要素组成的复合概念。城市群竞争力主要包括具备良好的硬实力、软实力和经济发展的能力。其中，硬实力指城市群的基础设施条件，只有具备完善的基础设施，才能保障城市群产业、经济更好地发展。而软实力表现在城市群的文化环境、居民和就业人员的受教育程度以及城市管理水平等方面，城市群软实力的提升有利于提高居民生活质量，是城市群持续良好发展的活力源泉。可见，城市群竞争力与城市群综合承载力的内涵和要求具有互通性，在一定程度上，城市群综合承载力对于城市群竞争力的强弱起决定性作用。因此，为了切实有效地推动城市群发展，当务之急是进行城市群综合承载力研究。学者们主要从市场竞争、城市群发展等方面探讨区域竞争力的内涵、评价与提升路径。由于学科背景、研究视角的不同，区域竞争力研究者在界定区域竞争力的要素和内涵时往往存在差异，提出的区域竞争力评价体系也各不相同，这些区域竞争力理论在一定程度上推动了城市群综合承载力研究向前发展，对于探讨城市群综合承载力的内涵、评价框架与提升路径具有重要的参考价值。

2.2.4　城市经济理论

城市是一个复杂的综合系统，学者们从多个不同的角度对城市经济理论进行了深入研究，其中，城市空间结构理论、城市规模经济理论以及城市环境经济理论都与城市综合承载力的研究密切相关。

2.2.4.1　城市空间结构理论

城市空间结构是指在特定空间范围内，由构成城市多个子系统的各要素以合理的方式结合而成的空间结构，这种结构具有某些特定功能，能够将各子要素有效地组合起来，使之在城市经济社会活动中发挥应有的作用。这些功能的相对稳定性保证了在社会环境不发生较大改变时，城市空间结构也将保持稳定状态。除此以外，城市空间结构还存在一定的时空分布特征，处在不同时间和区域的城市空间结构类型也不尽相同。为此，西方学者对这些问题进行了系统研究，形成了以景观学派和区位论学派等为代表的一些学派。

景观学派起源于20世纪初，由德国地理学家施吕特尔提出。他将特定区域内的自然和人文环境共同视作一种具有地域特征的特别“景观”，并强调人在这个景观中占据重要地位。景观学派从对城市空间的观察入手开展城市空间结构研究，主要通过城市建筑、道路、桥梁、河流等的空间布局来把握城市区域存在的突出问题。在不同的区域条件和发展阶段下，城市的空间形态也各不相同，通过对比研究能够加深对不同城市之间差异的认识。

区位论学派的理论主要包括德国经济学家杜能提出的农业区位论和德国经济地理学家克里斯泰勒提出的中心地理论。杜能的区位论探讨了以城市为中心的土地利用的空间排列规律和形成机制，他发现以城市为圆心，围绕着城市按地理位置上的接近性和地价差异由内向外形成了六个同心圆，并提出了“杜能圈”的概念。而中心地理论则认为理性的企业家和消费者的合理行为使土地形成了一个具有等级体系的空间结构，并由此构建了一个理想的六边形模型。至20世纪五六十年代后，计量地理学兴起推动了区位论学派的快速发展。

2.2.4.2　城市规模经济理论

城市规模经济理论起源于20世纪60年代，随着全世界范围内城市化建设的快速推进，人口、资金、资源等各种要素不断涌向城市，许多城市的规模不断扩大，引发了学术界对城市最佳规模问题的关注和探讨。对于最佳城市规模的研究是城市经济学研究不可避免的重要问题，具有十分重要的理论和现实意义。诸多学者基于集聚经济理论探讨了这一问题并形成了新的城市规模经济理论，其中，最具代表性的人物是城市经济学家阿朗索。他认为，集聚经济可以扩大城市规模，但集聚规模的扩大并不能使集聚效益保持持续递增状态，两者随着时间的变化将不具有线性关系。即城市空间集聚具有正的外部性，也就是能够实现“规模经济”，但是这种正外部性在城市发展的阶段表现得较为明显，随着城市发展进程的不断加快，城市规模不断扩大而超过了某个限度，集聚所产生的规模效益就会转而逐渐下降，导致“规模不经济”的产生，正的外部性不断减弱甚至可能出现负外部性，从而引发大城市的一系列城市病问题。阿朗索通过成本—效益分析，发现城市的集聚效益和外在成本两者差值最大时，城市处在由规模经济转向规模不经济的“拐点”之上，此时即为城市的最佳规模状态。

2.2.4.3　城市环境经济理论

第二次世界大战后，世界各国推进工业化的步伐不断加快，导致了资源环境问题的日益凸显。经济学家关注的重点逐渐转移到如何合理利用和保护自然资源与环境、减少经济增长对环境的负面冲击、提高人类的生活品质、实现城市经济的可持续发展等方面。美国经济史学家埃里克·兰帕德（Eric Lampard）将生态学理论应用于城市史学研究中，将两者结合起来，认为由人口、环境、技术、组织四种要素构成的城市社区结构是一种“生态合成体”。1961 年，他发表了《美国历史学家与城市化研究》一文，他强调城市各构成要素彼此间是相互联系的，主张从城市“生态合成体”的视角研究城市的人口和经济增长问题，并认为这是人类在城市环境历史研究领域的创举。随后，1967 年，史学家罗伊·卢博夫（Roy Lubo Fu）在肯定了兰帕德的理论的基础上又做了进一步补充，在他看来，城市是一个典型的由人所创造出来的复杂环境，人的主观意识和行为对城市生态环境的演变起着至关重要的作用，主张应对城市内的建筑、居住和投资、工业生产、医疗卫生、交通运输等方面的人为因素进行更深入的研究。1999 年，美国经济学家 Krueger 和 Grossman 等以 42 个发达国家的面板数据为样本，采用计量经济学方法进行实证分析，进一步发现了城市的经济发展水平和生态环境质量之间呈现倒“U”型演变规律，并总结出了环境库兹涅茨曲线。

2.2.4.4 城市经济理论与城市群综合承载力

城市经济理论的研究范围包括经济、社会、生活等各个方面。具体而言，主要包括对城市的产生、发展、衰退等客观规律和城市的管理特点、空间结构、区位布局等城市规划方面的研究。由于城市群是一个城市集合体，城市群承载力具有城市承载力所具有的特征，而城市经济学的研究内容广泛，包括人口、经济、社会、资源、环境等在内的诸多内容也是城市综合承载力研究的重要内容。因此，城市经济理论的研究视角和方法对城市群综合承载力研究有重要的借鉴意义，可以为城市群综合承载力研究提供坚实的理论基础。在进行城市群综合承载力研究时，必须与城市经济理论结合起来，为科学研究城市群综合承载力打好理论基础，因为只有这样才能将城市群综合承载力研究置于一个多维度的理论框架下，使我们对城市群综合承载力的理解更为透彻。

2.2.5 城市复合生态系统理论

2.2.5.1 城市复合生态系统理论的起源和发展

城市复合生态系统理论是生态学与系统科学理论有机结合并演化形成的。系统科学理论起源于 20 世纪 30 年代，它以系统为研究对象，注重研究系统的结构和内、外部联系，发现系统的运行规律，探讨系统的各种相关理论和研究方法。系统科学理论经过不断发展衍生出许多新的理论，其中有代表性的主要有自组织理论、混沌理论和突现理论等，每种理论对系统都有不同的认识：自组织理论认为，系统在非平衡状态下也可以有稳定；混沌理论认为，确定性的系统存在内在随机性；突现理论则认为，随机性的系统存在内在的确定性。这些新的理论的产生不断冲击传统观点，促进了系统科学研究的不断发展。

1935 年，英国生态学家坦斯利（Tansley）借鉴物理学中的“系统”概念首先提出了“生态系统”的概念，认为生态系统是有机体及其环境共同构成的复合体，实现了生态学与系统学的结合。而后，Lindeman、Evans、E. P. Odum 等著名生态学家均从不同角度继续拓展了对生态系统的研究，其中，E. P. Odum

（1953）将生态系统定义为特定区域内所有生物及其物理环境构成的统一体。到了20世纪70年代，生态系统的研究范围已经从个体扩大到整个生物圈，生态学与系统科学理论观点不断发展、交融，生态系统的概念更加成熟、具体和系统化。

20世纪80年代，在对生态系统的大量研究的基础上，将城市与生态系统相结合逐渐演化形成了城市复合生态系统理论。首先，中国生态学家马世骏创造性地提出了城市生态系统是一个自然—经济—社会复合构成的人工生态系统，这个系统既受自然生态规律影响又受人的制约，是一个结构、功能复杂多样，构成因素众多的复合生态系统，这一研究极大地促进了城市生态学与复合生态系统理论的融合。随后，宋永昌等在其编著的《城市生态学》一书中继承了马世骏提出的自然—经济—社会三系统结构，并在区域生态框架下对各子系统进行了细分。姜爱林和祝国勇将外部生态系统纳入研究范围，分析其与城市生态系统的关系，加强了对城市复合生态系统开放性的研究。这一系统后经逐步发展完善，成为对城市生态建设及其与经济社会发展关系研究具有指导意义的重要理论。

2.2.5.2 城市复合生态系统理论的内涵

城市复合生态系统是人类依赖于自然生态环境，通过生产、生活等人类活动，利用系统内的各种物质资源，同时对自然环境产生了一定的影响，这一系列行为共同存在于一定的社会文化环境当中，使得自然、经济、社会三者不断交织，相互影响，协调发展，由此共同构成的一个以人为中心的复合系统。从结构来看，城市复合生态系统是由自然、经济、社会三个子系统耦合形成的。自然子系统中主要包括土地、水体、植物及其他生物、大气、金属矿产、化石能源等构成要素，各要素之间相互联系，相互作用，相生相克，在自然界中不断进行代谢和循环。经济子系统可按产业结构划分为三次产业，第一产业主要包括农业、林业、牧业、渔业等，第二产业主要包括制造业、建筑业、采矿业等，第三产业主要包括交通运输业、邮电通信业、金融业、批发和零售业等构成要素，各产业各要素通过耦合方式相互关联和影响，以不同角色参与价值链中的生产、流通、消费、管理、协调等各个环节，共同组成城市经济活动。社会子系统包括人的社会生活的各个方面，由居住、医疗、文化、教育、娱乐、公共服务等要素构成，各要素通过城市管理体制网络和知识文化网络相互联结、交织在一起，形成一个复杂的社会生态系统。以上三个系统共生于城市复合生态系统之中，自然子系统是城市赖以生存的基础，经济子系统是城市生存和发展的动力源泉和重要命脉，社会子系统是城市发展演进的目的。城市的可持续健康发展不只取决于某一子系统的发展，而是只有三者通过时空上的动态耦合关系相互关联和促进，形成一种最佳耦合状态，即生态环境改善、经济蓬勃发展、社会繁荣稳定三者高度协调，才能保证城市复合生态系统的结构和功能达到最优状态。

2.2.5.3　城市复合生态系统理论与城市群综合承载力

城市群综合承载力是一个包含资源、环境、人口、经济、社会等多个要素的复杂系统，各要素之间紧密联系、相互作用，表现为人类进行的各种社会经济活动都会受到资源和环境的约束，这种约束不仅会为城市群系统的发展提供支撑力，还会造成一种压力，这二者的关系即是承载机制。在这个相互作用的过程中，一方面，人作为社会经济活动的主体具有主动性，能够对资源环境进行支配；而另一方面，人类的社会经济活动又被资源环境所承载，资源环境也是人类各种活动的载体。由此，各要素相互承载，共同形成和决定城市群综合承载力。城市复合生态系统由自然、经济、社会三个子系统耦合而成，各系统构成要素涵盖城市群综合承载力的各层次、各方面，而且二者的研究目的高度一致，都是为了推动城市群整体及各城市的可持续健康发展。城市复合生态系统理论和方法与城市群综合承载力研究十分契合，为城市群综合承载力研究提供了坚实的理论基础，对其研究具有重要的指导性作用。因此，在研究城市群综合承载力时，利用城市复合生态系统理论的观念和研究方法，从整体的宏观视角出发，依据综合承载力各层次、各要素之间的耦合关系和特点，系统地协调好资源、环境、人口、经济、社会各要素之间的关系，将有利于促进城市群综合承载力的提升，推动资源充足、环境良好、人民幸福、经济发达、社会繁荣等多个目标共同实现。

2.3 本章小结

本章内容包括两个部分:

(1) 相关概念界定。运用文献回顾法，对本研究涉及的3个核心概念，即城市群、承载力和城市群综合承载力的内涵进行了历史回顾与比较分析，并给出其内涵界定，为后文的测算、评价与比较分析规定概念框架与研究范围。

(2) 城市群综合承载力研究的理论基础。城市群综合承载力的研究，有其深刻的历史与现实背景，同时也有其坚实的历史基础。与承载力相关的几个重要理论包括资源稀缺理论、可持续发展理论、区域竞争力理论、城市经济理论、城市复合生态系统理论，对理论内涵及其与城市群承载力的关系进行了梳理与分析，为实证研究奠定了理论与方法基础。

第3章　中国西北地区城市群演进历程及其发展现状

相比较于东部发达地区的城市群，中国西北地区城市群基础薄弱、规模尚小，尚处于成长阶段，但却是中国城市群规划布局中的重要组成部分，不可或缺。本章首先简要说明中国政府对城市群发展的部署安排与规划布局，说明本书研究对象的空间范围与确定依据，然后简要梳理中国西北地区5个城市群的演进历程，多维度分析中国西北地区城市群的发展现状。

3.1　中国政府对城市群发展的部署安排与规划布局

3.1.1　党和国家重大决策部署安排

学界对城市群关注的热度越来越高，中国政府对于城市群在区域乃至全国经济社会发展中的作用愈加重视，逐步将其确定为推进国家新型城镇化的空间主体（方创琳，2014），进入21世纪以来，在党和国家一系列重大决策部署中，关于城市群发展问题均有重要部署安排与角色定位。

（1）国家"十一五"规划纲要（2006年3月）：要把城市群作为推进城镇化的主体，已形成城市群格局的京津冀、长三角和珠三角等区域，要继续发挥带动和辐射作用，具备城市群发展条件的区域，要通过统筹规划形成若干新城市群。

（2）党的十七大报告（2007 年 10 月）：走中国特色城镇化道路，促进大中小城市和小城镇协调发展。形成辐射作用大的城市群，培育新的经济增长极。

（3）国家“十二五”规划纲要（2011 年 3 月）：要以大城市为依托、中小城市为重点，逐步形成辐射作用大的城市群，在东部地区逐步打造更具国际竞争力的城市群，在中西部有条件的地区培育壮大若干城市群。

（4）党的十八大报告（2012 年 11 月）：科学规划城市群规模和布局，增强中小城市和小城镇产业发展、公共服务、吸纳就业、人口集聚功能。

（5）中央城镇化工作会议（2012 年 12 月）：要求“优化城镇布局与形态，继续优化建设好东部地区三大城市群，在中西部和东北有条件的地区，逐步培育若干城市群，成为引领区域经济发展的重要增长极”。

（6）中共中央、国务院印发《国家新型城镇化规划（2014 - 2020 年）》（2014 年 3 月）：优化提升东部地区城市群，加快培育中西部地区城市群，使之成为推动国土空间均衡开发、引领区域经济发展的重要增长极，建立城市群发展协调机制，构建城市群内部综合交通运输网络。

（7）国家“十三五”规划纲要（2016 年 3 月）：优化城镇化布局和形态，加快城市群建设发展，优化提升东部地区城市群，培育中西部地区城市群，发展壮大和规划引导一批城市群，形成更多支撑区域发展的增长极。

（8）党的十九大报告（2017 年 10 月）：以城市群为主体构建大中小城市和小城镇协调发展的城镇格局。

（9）《中共中央　国务院关于建立更加有效的区域协调发展新机制的意见》（2018 年 11 月）：以京津冀城市群、长三角城市群、粤港澳大湾区、成渝城市群、长江中游城市群、中原城市群、关中平原城市群等城市群推动国家重大区域战略融合发展。

3.1.2 分类打造城市群的规划布局

自2015年起，我国城市群规划已进入正式编制阶段，按照《领导决策信息》（2015年第3期）的报道，我国将分三类打造19个城市群，即重点建设5个国家级城市群、稳步建设8个区域性城市群以及引导培育六大新的地区性城市群。2020年，部分城市群规划已经制定完成、通过国家或相关省区市的批准并组织实施，有的正在编制过程中并即将完成。具体情况简述如下。

3.1.2.1 重点建设的5个国家级城市群

（1）长江三角洲城市群。2016年5月，《长江三角洲城市群发展规划》（国函〔2016〕87号）获得国务院批准。该城市群跨越上海、江苏、浙江和安徽4个省市，共包括26个城市。

（2）珠江三角洲城市群。2019年2月，《粤港澳大湾区发展规划纲要》发布①，这是在珠三角城市群的基础上纳入了香港和澳门，包括珠三角的9个城市与2个特别行政区。

（3）京津冀城市群。2015年4月，《京津冀协同发展规划纲要》获得审议通过②，打造以北京为核心世界级城市群的战略重点，京津冀城市群跨越3个省市，共包括13个城市。

（4）长江中游城市群。2015年3月，《长江中游城市群发展规划》（国函〔2015〕62号）获得国务院批准。该城市群跨越湖北、湖南和江西3个省，共包括29个城市。

（5）成渝城市群。2016年4月，《成渝城市群发展规划》（国函〔2016〕68号）获得国务院批准。该城市群跨越重庆和四川2个省市，共包括12个城市。

3.1.2.2 稳步建设的8个区域性城市群（国家二级城市群）

（1）哈长城市群。2016年2月，《哈长城市群发展规划》（国函〔2016〕43

---

① 新华网.《粤港澳大湾区发展规划纲要》公布［EB/OL］. http://www.xinhuanet.com/gangao/zt/ldzt/ldzter3/index.htm，2019-02-18.

② 新华网.政治局会议审议通过《京津冀协同发展规划纲要》［EB/OL］. http://www.xinhuanet.com/politics/2015-04/30/c_1115147507.htm，2015-04-30.

号）获得国务院批准。该城市群跨越吉林和黑龙江2个省市，共包括8个城市。

（2）山东半岛城市群。2017年1月，《山东半岛城市群发展规划（2016－2030年）》（鲁政字〔2017〕12号）获得山东省人民政府批准。该城市群共包括8个城市。

（3）辽中南城市群。辽中南城市群位于辽宁省中南部，主要由沿哈大交通线分布的9个城市组成。《辽中南城市群发展规划（2017－2030年）》还在编制中①。

（4）海峡西岸城市群。2009年12月，《海峡西岸城市群发展规划》获得国家住房和城乡建设部批复，2010年12月福建省人民政府批准印发（闽政〔2010〕32号）。该城市群跨越福建、广东、浙江、江西4个省，共包括20个地级市。

（5）关中平原城市群。2018年1月，《关中平原城市群发展规划》（国函〔2018〕6号）获国务院批准。该城市群跨越陕西、山西和甘肃3个省，包括西安、宝鸡、天水、咸阳、渭南、铜川、平凉、庆阳、临汾、运城等城市。

（6）中原城市群。2016年12月，《中原城市群发展规划》（国函〔2016〕210号）获国务院批准。该城市群跨越河南、山西、河北、山东、安徽5个省，共包括30个地级市。

（7）北部湾城市群。2017年1月，《北部湾城市群发展规划》（国函〔2017〕6号）获国务院批准。该城市群跨越广东、广西、海南3个省区，共包括12个城市。

（8）天山北坡城市群。天山北坡城市群位于新疆天山北麓，包括乌鲁木齐、克拉玛依、昌吉、阜康、奎屯、乌苏、石河子7个城市。《天山北坡城市群发展规划（2017－2030年）》还在编制中②。

---

① 定军．东北发展新局面 辽宁强调打造辽中南城市群［EB/OL］．https：//baijiahao.baidu.com/s?id=1603204314995568443&wfr=spider&for=pc，2018－06－14.

② 中国科学院地理科学与资源研究所．《天山北坡城市群发展规划（2017－2030）》顺利通过专家评审［EB/OL］．http：//www.igsnrr.cas.cn/xwzx/kydt/201710/t20171023_4876046.html，2017－10－23.

3.1.2.3 引导培育的6个地区性城市群

（1）呼包鄂榆城市群。2018年2月，《呼包鄂榆城市群发展规划》（国函〔2018〕16号）获得国务院批准。该城市群跨越内蒙古和陕西2个省区，包括呼和浩特、包头、鄂尔多斯和榆林4个城市。

（2）晋中城市群。晋中城市群是以山西省太原市为中心，以晋中城镇密集区为主体，包括太原与晋中等城市构成的城市群①。

（3）宁夏沿黄城市群。宁夏沿黄城市群主要包括宁夏沿黄河分布的银川、石嘴山、吴忠、中卫、平罗、青铜峡、灵武、贺兰、永宁、中宁10个城市②。

（4）兰西城市群。2018年2月，《兰州－西宁城市群发展规划》（国函〔2018〕38号）获得国务院批准。该城市群跨越甘肃和青海2个省，共包括兰州、西宁、白银、定西、临夏、海东等27地州市。

（5）滇中城市群。2020年1月，《滇中城市群发展规划》（发改规划〔2020〕71号）获国家发展改革委批准。该城市群由昆明市、曲靖市、玉溪市等7个县市组成，是云南省经济最发达的地区。

（6）黔中城市群。2016年12月，《黔中城市群发展规划》（黔府函〔2016〕310号）获贵州省人民政府批准。黔中城市群位于贵州省中部地区，范围包括贵阳市、遵义市、毕节市、安顺市、黔东南州、黔南州6个市（州）及贵安新区的33个县（市、区）。

以上简要概述了近年来中国城市群规划布局的基本情况，上述19个城市群是在国家“十三五”规划纲要指导下进入国家发改委重点规划序列的城市群，2020年，这19个城市群规划已基本编制完成，其中跨省城市群规划均已出台并实施，标志着中国城市群发展格局正在加快形成。

---

① 山西新闻网．太原晋中召开中部盆地城市群一体化发展对接会［EB/OL］．http：//jz. sxrb. com/GB/314714/9480852. html，2019－10－22.

② 人民网．未来五年将建19个城市群 宁夏沿黄城市群在列［EB/OL］．http：//nx. people. com. cn/n2/2016/0306/c192482－27873001. html，2016－03－06.

3.2 研究对象的确定

本书研究对象为“中国西北地区城市群综合承载力”。《国家新型城镇化规划（2014－2020年）》明确提出，要优化我国城镇化格局，使中西部地区城市群成为推动区域协调发展的新的重要增长极；要依托陆桥通道上的城市群和节点城市，构建丝绸之路经济带，推动形成与中亚乃至整个欧亚大陆的区域大合作。这说明中国西北地区城市群及其城市在西部大开发及“丝绸之路经济带”建设中具有极其重要的作用。到2020年，西北地区城市群建设已初步具备体系完整的城市条件。

如上文所述，国家着力予以打造的19个城市群中，地处中国西北地区（即西北五省区）的有关中平原城市群、天山北坡城市群、宁夏沿黄城市群和兰西城市群4个城市群。本研究起步于2015年，依据《2010中国城市群发展报告》《关中—天水经济区发展规划》《沿黄经济区城市带发展规划》《中国城市群发展报告（2014）》和《天山北坡经济带发展规划》等相关政府规划与研究报告，本书选取关中—天水、银川平原、兰白西、酒嘉玉和天山北坡5个初具规模的城市群作为研究对象，具体如表3－1所示。选择这5个城市群作为研究对象，与国家规划打造的西北地区的4个城市群基本上一致，其中天山北坡城市群、关中—天水城市群、银川平原城市群、兰白西城市群即在19个城市群之列，而酒嘉玉城市群在兰西城市群之内，地理位置与兰西城市群的中心城市兰州市、西宁市相隔稍远，因而在一些研究报告和实际工作当中被独立出来，作为一个单独的城市群予以建设和加以研究。

表3－1　中国西北地区5个城市群空间范围与确定依据

城市群	空间范围	依据的相关规划
关中—天水	陕西的西安、铜川、宝鸡、咸阳、渭南、商洛、华阴、韩城、兴平；甘肃的天水	《关中—天水经济区发展规划》，国家发改委，2009年；《关中平原城市群发展规划》，国务院，2018年
银川平原	宁夏的银川、灵武、石嘴山、吴忠、青铜峡、中卫	《沿黄经济区城市带发展规划》，宁夏住房与城乡建设厅，2011年
兰白西	甘肃的兰州、白银、定西和临夏；青海的西宁	《中国城市群发展报告2010》，中国科学院地理科学与资源研究所，2011年；《兰州—西宁城市群发展规划》，国务院，2018年
酒嘉玉	甘肃的酒泉、嘉峪关、玉门、敦煌	《中国城市群发展报告2010》，中国科学院地理科学与资源研究所，2011年
天山北坡	新疆的乌鲁木齐、克拉玛依、石河子、奎屯、乌苏、昌吉、阜康	《天山北坡经济带发展规划》，国务院，2012年

3.3　中国西北地区城市群演进的简要历程

3.3.1　关中—天水城市群

关中—天水城市群，地处陕西省中部、甘肃省东南部，下辖陕西关中平原、甘肃天水等地，共包括10个城市，面积7.98万平方千米。该城市群所属区域为2009年经国务院批复通过的关中—天水经济区。相比较于周边其他地区而言，关中地区一直以来经济社会发展水平比较高，这里的城市相对密集，包括西安、宝鸡、咸阳、渭南、铜川、杨凌等城市（即关中六市），20世纪90年代初，陕西省地方政府实务界以及学术界开始关注并研究关中地域所存在的城市聚集现象。

2000年启动的西部大开发战略为西部广大地区带来前所未有的发展机遇，

在此背景下，陕西省提出了“一线两带”的发展战略①，率先发展关中地区（一线），带动陕南陕北两翼（两带）发展，以西安为核心城市，涵盖关中六市及其他54个县（市、区），依托关中高新技术开发带和关中星火产业带的产业经济体系。2002年12月，西安、咸阳两市政府在西安签订了“西咸经济一体化协议”②，这是关中地区一体化进程中的重要一步。

2005年，有学者提出，为使陕西省在与周边两大城市群（中原城市群和川渝城市群）同台竞技中不处下风，陕西必须加快以西安为中心的关中城市群的建设进程。2008年，陕西省制定实施了《西咸一体化建设规划》和《关中城市群建设规划》，关中城市群的框架格局基本形成。《西部大开发“十一五”规划》（2007年）明确将关中—天水经济区作为西部地区重点发展的经济区。2009年6月，国务院批准了《关中—天水经济区发展规划》，该经济区上升为国家级重点开发区域，与此同时，关中—天水城市群的建设框架随之形成。

3.3.2 银川平原城市群

银川平原城市群，即宁夏沿黄城市群，位于宁夏回族自治区中部黄河两岸，主要包括银川、灵武、石嘴山、吴忠、青铜峡、中卫等城市，面积2.87万平方千米。该城市群所属区域为国家级重点开发区域“沿黄经济区”。以银川市为核心的沿黄经济区，历来都是宁夏最为发达的地区。

2000年5月，国务院以国函〔2000〕39号文件批复了《银川市城市总体规划（1996－2010）》，在这个规划中宁夏第一次提出“大银川”的概念，其指导思想就是突破银川市区范围建设更大范围的城市带。2002年5月，银川市正式宣布建设大银川的战略③。2005年，宁夏回族自治区正式提出实施沿黄城市带建设

① 郭献文，李勇，储国强．打造经济发展火车头　陕西实施“一线两带”战略（人民网）［EB/OL］．http：//www.people.com.cn/GB/jinji/31/179/20021013/840983.html，2002－10－13.

② 郑少忠．西安咸阳今天签署经济一体化协议（人民网）［EB/OL］．http：//www.people.com.cn/GB/jinji/31/179/20021228/897770.html，2002－12－28.

③ 芮利红．“大银川”建设对宁夏县域经济发展拉动的观照［J］．经济前沿，2004（4）：23－24.

的发展战略，即打造“黄河金岸”，就是以该区域的中心城市银川为战略核心，带动周边城市、县域乡镇的同城化发展①。2009年4月，宁夏政府召开沿黄河城市建设启动大会，提出了“宁夏沿黄城市群”的概念②。

2010年6月，《中共中央 国务院关于深入实施西部大开发战略的若干意见》明确提出发展宁夏沿黄经济区，推动沿黄城市带建设，形成经济增长点。2010年12月，国务院《全国主体功能区规划》将这一区域正式定位为国家级重点开发区域。经过六七年的建设，沿黄经济区框架基本形成，银川平原城市群初具规模。2017年6月，宁夏回族自治区第十二次党代会把生态文明理念嵌入沿黄经济区建设，提出了“沿黄生态经济带”的概念，强调把“打造沿黄生态经济带”作为宁夏生态立区战略的首要任务，城市群建设更加注重“生态元素”③。

3.3.3 兰白西城市群

兰白西城市群，是黄河上游多民族地区的核心城市群，位于青藏高原同黄土高原过渡带，主要包括甘肃的兰州、白银、定西、临夏以及青海的西宁等城市，面积8.36万平方千米。该城市群作为甘肃省和青海省的经济核心区，包含了两个省的精华地带，其中，兰州市是我国西北地区最大的物流中心和黄河上游最大的工业中心，而西宁市则是青藏地区最大的中心城市，因此，该城市群是一个双核心城市群。

2003年6月，甘肃省人民政府印发《西陇海兰新线经济带甘肃段开发规划》的通知（甘政发〔2003〕60号），规划中提出培育建设甘肃段的战略构想，“突出建设兰州白银核心经济区，加快构筑经济聚团区”，较早地提出了打造“兰白城市群”的构想。2006年11月，著名学者贺有利提出以兰州、西宁为“两点”，

---

① 张敏良，高煜荣．城市集群化时代已来临 宁夏打造黄河金岸增长极（中国产经新闻）［EB/OL］．http：//city. sina. com. cn/city/2008 -02 -29/97464. html，2008 -02 -29.

② 新浪新闻．宁夏启动沿黄城市群建设 加速城市化进程［EB/OL］．http：//news. sina. com. cn/c/2009 -04 -10/190017585993. shtml，2009 -04 -10.

③ 宁夏新闻网．从发展“黄河经济”到打造“沿黄生态经济带”［EB/OL］．https：//www. nxnews. net/dz/plsy/201807/t20180706_ 5986703. html，2018 -07 -06.

以“一河”为轴线的兰州—西宁经济带，并于 2009 年 7 月向国家发改委提交了《设立兰州—西宁经济区的建议》，得到国家发改委的高度认可①。2009 年 7 月，甘肃省人民政府办公厅文件《关于全省产业发展体制机制创新的意见》，提出了“重点打造兰白经济圈”的区域发展重点。2009 年 10 月，甘肃省委十一届七次全委扩大会议上提出了中心带动战略，即建设兰州—白银都市经济圈，充分发挥中心城市的龙头带动作用②。

2012 年 2 月，国家发展改革委发布了《西部大开发“十二五”规划》，提出了积极推进重点经济区发展，其中包括“兰西格经济区”，将甘肃与青海两省的核心经济区放置在一起，着力打造“带动和支撑西部大开发的战略高地”，为兰白西城市群搭建了基本框架。2018 年 2 月，国务院批准《兰州—西宁城市群发展规划》，标志着该城市群进入了一个新的快速发展时期。

3.3.4 酒嘉玉城市群

酒嘉玉城市群，地处甘肃省河西走廊绿洲区中西段，位于祁连山水系冲积、洪积平原绿洲上，是西北干旱区典型的绿洲型城市群，主要包括酒泉、嘉峪关、玉门、敦煌等城市，面积 19.69 万平方千米。该城市群是联系中原地区和西北地区的桥梁和纽带，是中国新欧亚大陆桥的战略通道和交通枢纽，是丝绸之路经济带上的重要节点城市群。其中，酒泉历史悠久，是我国现代航天科技的摇篮，嘉峪关是国家“一五”计划重点工业项目建成的新型工业城市，玉门是酒泉市辖区的一个县级市。

酒泉和嘉峪关的一体化进程由来已久，相关城市地理位置相近、产业互补性强、发展基础较好，为区域一体化与打造城市群创造了良好的条件。2009 年 6 月，甘肃省委办公厅、人民政府办公厅联合发布《关于加快推进兰州白银和酒泉

① 张鹏．建设兰西经济区写入国家“十二五”规划（兰州新闻网）［EB/OL］．http：//rb. lzbs. com. cn/html/2011－04/06/content_ 258034. htm，2011－04－06.

② 中国有色网．资源城市转型 白银联手兰州打造兰白都市经济圈［EB/OL］．https：//www. cnmn. com. cn/ShowNews1. aspx? id＝162024，2009－12－08.

嘉峪关区域经济一体化发展工作的意见》（省委办发〔2009〕54号），明确提出要加快推进酒嘉区域经济一体化进程。2009年10月，甘肃省委十一届七次全委扩大会议上，提出了“两翼齐飞”战略，酒嘉一体化就是其中一翼。2010年5月，国务院办公厅《关于进一步支持甘肃经济社会发展的若干意见》（国办发〔2010〕29号）中，亦强调要推进酒嘉地区的快速发展。2012年2月，《酒嘉一体化城市总体规划纲要（2011－2030）》（甘政函〔2012〕9号）获得甘肃省人民政府的正式批复，为酒嘉玉城市群奠定了基本框架。

2017年8月，甘肃省人民政府分别批复了《酒泉市城市总体规划（2016－2030年）》（甘政函〔2017〕95号）和《嘉峪关市城市总体规划（2016－2030年）》（甘政函〔2017〕96号），将酒泉和嘉峪关定位为“丝绸之路经济带”甘肃段重要节点城市，两个规划中均将推进酒嘉区域一体化与城市群发展作为重要的任务。在国家对分类打造城市群的规划布局中，虽然酒嘉玉城市群因为规模较小未能独立进入地区性城市群序列，但其作为“丝绸之路经济带”沿线的节点城市群同样也迎来了新的发展机遇。

3.3.5　天山北坡城市群

天山北坡城市群，地处以乌鲁木齐、石河子和克拉玛依市为轴心的新疆准噶尔盆地南缘天山北坡中段，主要包括乌鲁木齐、克拉玛依、石河子、奎屯、乌苏、昌吉、阜康等城市，面积18.24万平方千米。该城市群所属区域为2012年11月经国务院批复通过的天山北坡经济带，该区域是新疆经济最发达的地区，在全疆有着举足轻重的影响，被称为新疆大开发的重中之重。

2000年，新疆维吾尔自治区发改委编制出台《西部大开发——新疆开发规划》，提出了“天山北坡经济带”的概念，之后，天山北坡经济带成为自治区优先发展的重心，其目标是将其打造成新疆北部重要的增长极，带动北疆地区乃至全疆的发展。2011年1月，自治区发布《国民经济和社会发展第十二个五年规划纲要》，明确提出率先发展天山北坡经济带，东起哈密西至伊宁，提出以乌昌都市区为核心，构建“一核两轴多组群”的城镇发展格局，把伊宁、石河子、库尔勒、喀什、阿克苏、哈密建成50万人口以上的区域中心城市，推进乌鲁木齐、昌吉、阜康、五家渠四市同城化发展。至此，天山北坡城市群的构架基本形成。2011年6月，国务院发布《全国主体功能区规划》，将新疆天山北坡经济带列为国家层面的重点开发区域。2012年11月，国务院批复同意《天山北坡经济带发展规划》，为该区域加快对外开放步伐、推进城镇化注入新动能，也为城市群的发展带来了大好机遇。2013年7月，国家发改委提出着力培育发展中西部地区城市群，将乌昌石城市群列为全国重点建设的10个城市群之一①，乌昌石城市群包括乌鲁木齐市、石河子市、昌吉市在内的5市3县。

2013年9月，习近平总书记提出共建“丝绸之路经济带”的国际区域合作战略构想，天山北坡城市群作为经济带中国段的门户型城市群，更加受到国家和自治区的高度重视。2017年10月，《天山北坡城市群发展规划（2017－2030）》通过专家评审②。2019年3月，国家发展和改革委员会印发《2019年新型城镇化建设重点任务》（发改规划〔2019〕0617号），重点突出了要求“加快出台实施天山北坡、滇中两个边疆城市群发展规划”。

3.4 中国西北地区城市群的发展现状

3.4.1 自然资源丰富，区位优势明显

中国西北地区的5个城市群分别是西北地区各省区经济发展的核心区，之所以在经济社会发展方面取得今天的成绩，主要得益于城市群所处区域的自然资源

① 中国证券网．发改委证实中国将另外再打造10个区域性城市群［EB/OL］．http：//www.cnstock.com/v_ news/sns_ yw/201307/2653226.htm，2013－07－12.

② 中国科学院地理科学与资源研究所．《天山北坡城市群发展规划（2017－2030）》顺利通过专家评审［EB/OL］．http：//www.igsnrr.cas.cn/xwzx/kydt/201710/t20171023_ 4876046.html，2017－10－23.

十分丰富，区位优势明显。

3.4.1.1　关中—天水城市群

关中—天水城市群所处区域，是西部地区面向东中部地区的重要门户。以西安为中心的交通运输网逐步建设和完善，不断强化了该城市群的全国综合交通物流枢纽地位。关中—天水城市群地处关中平原，南接秦岭山地，北邻陕北高原，横跨西安、宝鸡、咸阳、渭南等，多属于水源涵养区，水源丰富，其土壤肥沃，灌溉条件较好。该区域动物、植物资源十分丰富，植被覆盖率可达60%以上，天然林木主要分布在西秦岭、关山林区、东部和东南部的小陇山，植被类型以针阔混交林和落叶阔叶林为主，且种类多样。野生珍稀动物多样，建立了多个国家级自然保护区。此外，该区域矿产资源丰富，西安市已发现的矿产资源共47种，渭南市已发现的矿产资源共51种，商洛市已发现各类矿产60种①。丰富的自然资源为关中—天水城市群发展提供了优厚的条件。

3.4.1.2　银川平原城市群

银川平原城市群，位于宁夏中部黄河两岸的银川平原，其发展将带动整个沿黄城市经济区及宁夏的发展，成为区域经济发展的重要增长极。该区域南北长约280千米、东西宽10～50千米，经黄河及平原湖沼长期淤积而成，地势平坦，土层深厚，引水方便，利于自流灌溉，水、土、光、热条件俱佳，是西北地区乃至中国的重要商品粮生产地区。小麦单产最高的为永宁、青铜峡、灵武等市县。水稻是宁夏传统的优势粮食作物，是宁夏“塞上江南”的标志性产品，主要分布在陶乐以外的引黄灌溉区各市县，尤其以青铜峡灌溉区南部为最多。银川平原主要的经济作物为蔬菜、瓜果、油菜、枸杞等，还有少量的地方特色作物。其土地肥沃，排灌便利，城镇及工矿集中，为蔬菜瓜果类的集中种植提供了优良的自然、人为条件②。

3.4.1.3　兰白西城市群

兰白西城市群位于亚欧大陆桥中段，是中原及西南地区通往西北边疆的战略

① 西安市地方志办公室．西安年鉴［M］．北京：世界图书出版公司，2018.

② 宁夏地方志编审委员会．宁夏年鉴［M］．北京：方志出版社，2018.

通道，也是维护西部边疆安全的重要支撑区域。多条干线铁路和国家高速公路交会于此，使兰白西城市群的客货运输能力不断提升，西气东输、西油东送管道运输网的建设，使兰白西城市群的西北综合枢纽地位日益增强①。城市群所在区域属于中国青藏高寒区、西北干旱区和东部季风区三大自然区的过渡地带，其中，兰州是西北最大的物流中心和黄河上游最大的工业中心，西宁是青藏地区最大的中心城市和门户城市。区域内自然资源丰富，水资源、矿产资源、有色金属、天然气、石油、草原资源均位居全国前列；经济区科技实力雄厚，有较大的熟练产业工人群体，劳动力资源丰富；同时，农业条件较好，是我国粮食、畜牧品、中药材等的重要生产基地，工业和交通也有相当基础②。

3.4.1.4 酒嘉玉城市群

酒嘉玉城市群地处甘肃省河西走廊绿洲区中西段，是联系中原和西北地区的桥梁，是中国新欧亚大陆桥的战略通道和交通枢纽。城市群内重工业、现代服务业与现代农业等多产业格局的形成，促使国家航天基地建设的进一步形成与巩固，成为中国西部大开发战略重点区域的次级中心。该城市群土地、矿藏、清洁能源、水资源、石油和旅游资源十分丰富。其中，酒泉市总面积 19.2 万平方千米，耕地保有量 25.79 万公顷，基本农田面积 15.53 万公顷，建设用地 9.03 万公顷，土地整理复垦开发补充耕地 1052.5 公顷。酒泉矿床规模大，品位高，为甘肃省最大的铬矿；水利资源充沛，有现代冰川 1942 条，面积 1485.5 平方千米。酒泉日照充足，光能资源丰富，热量资源、水力资源丰富，太阳能、风能开发潜力大。嘉峪关作为丝绸古道上的明珠城市，依托酒钢发展黑色冶金工业和旅游业。玉门市石油资源相当丰富，依托现有的石油化工，正在建成西陇海兰新经济带中段的新兴石油化工城市③。

3.4.1.5 天山北坡城市群

天山北坡城市群地处准噶尔盆地南缘天山北坡中段，是经济带中段的门户型

① 王一鸣等．兰州—白银经济区发展规划研究［M］．北京：中国建筑工业出版社，2012.

② 张剑．兰白西城市群集聚与扩散研究［D］．兰州：西北师范大学，2015.

③ 李铭，方创琳．基于自组织模型的酒嘉玉地区城市化动态演变［J］．地理研究，2006（3）：551－559.

城市群。城市群所在区域自然条件优越，交通比较方便。新疆将通过加快天山北坡经济带的开发建设，使之成为经济发达的综合示范区，带动两翼地区快速发展。该地区具有丰富的土地、石油、煤炭等资源，土地面积 27.35 万平方千米，水资源总量突破 300 亿立方米，人均水资源总量 2343 平方米。天山北坡城市群有充分发展农业的光、热、土地等资源，农副产品丰富、品质优良，为其农业的发展奠定了坚实的基础。此外，天山北坡城市群内所属区域，是世界石油和石化产业的聚集地，石油和天然气资源十分丰富，有上百种矿产资源，煤炭、石油、天然气、石灰石等矿产资源种类多、品位高、储量大。

3.4.2　经济规模持续扩大，城市群之间差距拉大

如上文所述，中国西北地区的 5 个城市群分别是西北地区各省区经济发展的核心区，其中天山北坡城市群是新疆经济发展的战略核心区，兰白西城市群是甘肃、青海经济发展核心区，关中—天水城市群是陕西经济发展核心区，银川平原城市群是宁夏经济发展核心区，酒嘉玉城市群是甘肃省内重要的核心区。可以说，这些城市群是我国西北地区引领未来发展的增长极，是我国参与“丝绸之路经济带”国际区域合作倡议的重要载体，对于我国西北地区乃至全国的经济社会发展都将起着至关重要的作用。表 3 - 2 为 2011 ~ 2017 年西北地区相关城市群 GDP 变动情况，整体而言，自“十二五”规划实施至今，西北地区城市群经济体量整体稳步增长，5 个城市群的经济规模不断扩大，但 GDP 增长的速度各有差异。

表 3 - 2　2011 ~ 2017 年西北地区相关城市群 GDP 变动情况　单位：亿元

城市群	2011 年	2012 年	2013 年	2014 年	2015 年	2016 年	2017 年	年均增速（%）
关中—天水	8392.86	9615.29	10941.57	12067.61	12651.61	13688.63	15311.08	10.59
银川平原	2177.93	2496.88	2793.07	2997.45	3184.70	3431.77	3806.57	9.79
兰白西	2822.26	3223.83	3637.66	4007.50	4178.21	4515.79	4795.77	9.30
酒嘉玉	841.82	973.06	1003.30	979.11	844.40	850.37	890.13	1.32
天山北坡	3243.72	3716.94	4173.81	4595.76	4396.47	4183.70	4644.55	6.47

数据来源：根据《中国城市统计年鉴》（2011 ~ 2017 年）有关数据整理计算所得。

（1）从经济体量基础上看，关中—天水城市群经济体量基础最高，天山北坡城市群经济体量基础优于兰白西城市群，但是伴随新常态的结构调整，在2016年天山北坡城市群的经济体量被兰白西城市群超过，而酒嘉玉城市群经济体量基础最为薄弱。从经济体量整体来看，关中—天水城市群经济体量基础最高，其次从高到低依次为兰白西城市群、天山北坡城市群、银川平原城市群和酒嘉玉城市群。

（2）从经济体量增速来看，关中—天水城市群、银川平原城市群和兰白西城市群处于持续增长的"鼎盛时期"，酒嘉玉城市群受到经济新常态的影响，处于结构调整阵痛期后的"恢复期"，天山北坡城市群经济体量增速在经过结构调整后由"高速"变为"中高速"，各城市群之间经济体量逐渐拉大。

（3）自2013年丝绸之路经济带提出以来，各城市群经济发展速度相对加快，各城市群经济总量得到了显著扩张。但随着近年来我国经济步入新常态，酒嘉玉城市群和天山北坡城市群经济体量进入短暂结构调整阵痛期，酒嘉玉城市群的经济体量在2014年、2015年有所回落，天山北坡城市群的经济体量在2015年、2016年有所下降。

从上述分析可以看出，整体而言，2011～2017年西北地区城市群的经济总量不断增加，均获得一定程度的发展，但存在发展不平衡的问题，其中酒嘉玉和天山北坡城市群在格局变动中处于不利地位。

3.4.3 产业结构不断优化，个别城市群调整缓慢

合理的产业结构是经济高质量发展的基础，西北地区城市群也一直在寻求突破依赖资源型产业发展的新路径，不断优化产业结构。表3-3是2011～2017年西北地区相关城市群产业结构变动情况，表中数据显示，2011～2017年，5个城市群的第一、二、三产业占GDP的比重都有显著调整，整体而言，各个城市群的产业结构都在向好发展。

（1）从第一产业产值占GDP比重来看，除了酒嘉玉城市群从2011年的8.7%增加到2017年的9.0%之外，其他4个城市群一产占比均有不同程度的下

降，其中，关中—天水城市群下降幅度最大，下降了2.5个百分点。从产业结构演进规律视角来看，西北地区相关城市群第一产业产值占比下降，标志着该地区经济结构不断优化、经济发展水平不断提高。

表3-3 2011~2017年西北地区相关城市群产业结构变动情况 单位：%

城市群	2011年			2014年			2017年		
	一产	二产	三产	一产	二产	三产	一产	二产	三产
关中—天水	10.4	48.5	41.1	9.2	49.0	41.8	7.9	44.9	47.2
银川平原	6.7	55.3	38.0	6.6	59.4	34.0	6.0	56.8	37.2
兰白西	6.7	48.7	44.6	6.4	42.5	51.2	4.9	36.1	59.0
酒嘉玉	8.7	62.0	29.3	8.9	54.1	37.0	9.0	39.4	51.6
天山北坡	4.0	57.7	38.2	3.9	48.4	47.7	3.6	41.3	55.2

数据来源：根据《中国城市统计年鉴》（2011~2017年）有关数据整理计算所得。

（2）从第二产业产值占GDP比重来看，除了银川平原城市群从2011年的55.3%增加到2017年的56.8%之外，其他4个城市群二产占比均有不同程度的下降，其中，兰白西、酒嘉玉、天山北坡3个城市群二产占比下降幅度均超过了10个百分点，尤其是酒嘉玉城市群，二产占比从2011年的62.0%下降到2017年的39.4%，下降了22.6个百分点。

（3）从第三产业产值占GDP比重来看，除了银川平原城市群从2011年的38.0%下降到2017年的37.2%之外，其他4个城市群三产占比均有不同程度的提升，其中，兰白西、酒嘉玉、天山北坡3个城市群三产占比上升幅度均超过了10个百分点，尤其是酒嘉玉城市群，三产占比从2011年的29.3%增加到2017年的51.6%，上升了22.3个百分点。

从上述分析可以看出，整体而言，2011~2017年西北地区城市群的一产占比略有下降、二产占比下降而三产占比增加，说明2011年以来西北地区城市群更加注重生态环境的保护，将绿色发展理念注入城市群的发展之中，注重城市群的内涵式发展，取得效果比较明显。从另一个角度看，部分城市群仍存在产业结构调整速度缓慢、产业结构不合理等问题，比如，银川平原城市群第二产业占比不降反升、第三产业占比略有下降，说明经济增长仍以第二产业为主，需要进一步调整产业发展结构。

3.4.4 固定资产投资持续增加，增加幅度有所减缓

固定资产投资是衡量一个区域经济活力的重要指标，固定资产投资的增加说明投资者对区域经济的未来前景充满信心，可以为区域经济的持续发展与提质增速奠定基础。表3－4是2011～2017年西北地区城市群固定资产投资额的变动情况。如表3－4所示，2011～2017年，5个城市群的固定资产投资整体呈现持续增长的良好态势，投资额都有较大幅度的增加。

表3－4 2011～2017年西北地区城市群固定资产投资额变动情况

单位：亿元

城市群	2011年	2012年	2013年	2014年	2015年	2016年	2017年	年均增速（%）
关中—天水	7100.05	8510.64	11097.79	13351.08	11793.88	16029.48	18827.32	18.71
银川平原	1705.83	2273.85	2870.33	3377.09	3506.90	4021.22	3480.61	13.71
兰白西	2007.76	2626.36	3127.03	3407.39	4162.45	4587.15	3757.16	12.18
酒嘉玉	735.49	1048.62	1123.25	1369.01	1515.84	1663.83	1767.28	16.38
天山北坡	1056.73	1880.55	2503.68	3042.75	2972.21	2800.26	3091.96	22.49

数据来源：2011～2016年数据根据《中国城市统计年鉴》（2011～2016年）整理计算所得，2017年数据来自各省统计年鉴与政府年度工作报告。

（1）从固定资产投资规模上看，各城市群固定资产投资额均有大幅度的增加，5个城市群2017年的投资额分别是基期2011年的2.65、2.04、1.87、2.40、2.93倍。各个城市群的固定资产投资规模亦存在较大差异，其中，2017年关中—天水城市群固定资产投资规模最大，是投资规模最小的酒嘉玉城市群的10.65倍，结合各城市群经济总量分析发现，相对于其他城市群，天山北坡城市群的固定资产投资额基础相较于其经济规模仍有较大的提升空间。

（2）从固定资产投资额增速来看，5个城市群的年均增长速度均达到10个

百分点以上，其中，天山北坡城市群年均增速达到22.49%，是5个城市群中增速最快的，其原因主要在于天山北坡城市群固定资产投资额的基础较为薄弱。兰白西城市群的年均增速为12.18%，是5个城市群中增速最慢的。另外，从2011～2017年各个城市群固定资产投资的变动过程来看，均有波动起伏现象，其中，关中—天水城市群、天山北坡城市群在2015年有所下降，银川平原城市群、兰白西城市群在2017年有所下降。出现这种情况的主要原因在于，随着我国经济逐步进入新常态，无法再单纯依靠投资带动经济增长，为避免过剩投资加剧部分产业产能过剩，相关城市群放缓了投资节奏。

3.4.5　财政收支稳步增长，自给能力有待提高

表3-5、表3-6是2011～2017年西北地区城市群财政收入和财政支出变动情况，整体而言，自2011年以来西北地区城市群财政收支都呈现出稳步增长趋势。

表3-5　2011～2017年西北地区城市群财政收入变动情况　单位：亿元

城市群	2011年	2012年	2013年	2014年	2015年	2016年	2017年	年均增速（%）
关中—天水	526.86	651.59	795.42	897.54	984.56	911.71	973.08	11.27
银川平原	178.42	211.73	254.91	271.24	276.95	284.56	295.47	9.03
兰白西	160.58	197.99	238.76	291.60	339.13	374.48	377.41	15.59
酒嘉玉	29.54	36.78	45.90	52.51	54.51	58.52	56.56	11.92
天山北坡	341.86	383.99	484.41	552.24	560.75	571.87	617.83	10.67

数据来源：根据《中国城市统计年鉴》（2011～2017年）有关数据整理计算所得。

表3-6　2011～2017年西北地区城市群财政支出变动情况　单位：亿元

城市群	2011年	2012年	2013年	2014年	2015年	2016年	2017年	年均增速（%）
关中—天水	1349.78	1644.91	1893.19	2046.28	2311.86	2206.24	2710.81	12.72
银川平原	445.02	565.50	618.31	662.54	731.22	818.83	881.64	12.26
兰白西	540.39	666.66	764.27	844.07	977.43	1267.21	1122.19	13.74
酒嘉玉	104.38	122.37	134.83	143.45	152.14	171.85	187.77	10.35
天山北坡	406.94	486.60	601.58	692.50	707.41	717.23	767.60	11.48

数据来源：根据《中国城市统计年鉴》（2011～2017年）有关数据整理计算所得。

（1）从财政收入和支出的规模上看，关中—天水城市群财政收入和支出规模最高，2017 年，其财政收入和财政支出分别是 973.08 亿元和 2710.81 亿元。而酒嘉玉城市群的财政收入和支出规模最低，2017 年，其财政收入和财政支出分别是 56.56 亿元和 187.77 亿元，分别仅占当年关中—天水城市群的 5.81% 和 6.93%。可见，各个城市群在财政收支方面的差距比较大，这与各个城市群的经济体量规模基本保持一致。

（2）从财政收入和支出的增长速度上看，各城市群财政收入和财政支出的年均增长速度均保持在 10% 左右，其中，财政收入年均增长速度最快的是兰白西城市群，达到 15.59%，银川平原城市群最低，仅为 9.03%，财政支出年均增长速度最快的也是兰白西城市群，达到 13.74%，酒嘉玉城市群最低，仅为 10.35%。

（3）从财政自给能力来看，如表 3－7 所示，西北地区城市群财政自给能力多数经历了一个先上升后下降的过程，除了天山北坡城市群整体保持了较高的财政自给水平外，其余城市群财政自给水平都需要进一步提高。随着经济增速和财政收入增速放缓，财政支出的刚性越来越大，给财政带来巨大压力，容易引发系统性风险。因此，未来西北地区城市群需尽快调整财政收支比例，发挥财政在治理中的基础性作用，强化财政、金融和经济风险统筹管理。

表 3－7　2011～2017 年西北地区城市群财政自给能力　　单位：%

城市群	2011 年	2012 年	2013 年	2014 年	2015 年	2016 年	2017 年
关中—天水	0.39	0.40	0.42	0.44	0.43	0.41	0.36
银川平原	0.40	0.37	0.41	0.41	0.38	0.35	0.34
兰白西	0.30	0.30	0.31	0.35	0.35	0.30	0.34
酒嘉玉	0.28	0.30	0.34	0.37	0.36	0.34	0.30
天山北坡	0.84	0.79	0.81	0.80	0.79	0.80	0.80

数据来源：根据《中国城市统计年鉴》（2011～2017 年）有关数据整理计算所得。

3.4.6　人口规模小幅增长，老龄化问题日益显现

人口规模是推动现代城市发展的重要动力，人口向城市集聚是人类社会发展的重要现象，在人口集聚过程中，技术得以进步，经济实现增长，城市获得繁荣。近年来，西北地区城市群的人口规模有了稳步增长，为城市群各项事业发展提供了人力资源保障，但从另一个方面看，各个城市群的人口老龄化问题日益显现。

（1）人口规模变动方面，表 3－8 是 2011～2017 年西北地区城市群人口规模变动情况。如表 3－8 所示，西北地区 5 个城市群的人口总量在小幅增加，其中，关中—天水城市群的人口基数最大，到 2017 年末，其增加的人口数量为 80.42 万人，是 5 个城市群中增加最多的。酒嘉玉城市群的人口基数最小，2017 年仅为 155.34 万人。天山北坡城市群的人口总量在 2012～2014 年间出现一定幅度的增长，但是到了 2017 年又下降到 419.01 万人，主要原因在于近些年该地区人才流失较为严重。

表 3－8　2011～2017 年西北地区城市群人口规模变动情况　　单位：万人

城市群	2011 年	2012 年	2013 年	2014 年	2015 年	2016 年	2017 年
关中—天水	2890.69	2900.41	2908.85	2917.95	2931.65	2950.72	2971.11
银川平原	568.05	574.67	584.94	595.19	604.66	611.38	618.01
兰白西	1197.64	1207.97	1211.58	1217.62	1220.70	1227.09	1236.72
酒嘉玉	133.39	133.87	134.38	135.32	135.93	136.53	155.34
天山北坡	446.62	455.61	461.18	467.31	465.31	461.17	419.01

数据来源：根据各城市群涉及的相关省区 2012～2018 年统计年鉴整理计算所得。

（2）人口老龄化问题方面，表 3－9 是 2011～2017 年西北地区城市群人口老龄化情况。如表 3－9 所示，西北地区 5 个城市群 65 岁以上人口占总人口的比重均在不同程度地增加，其中，关中—天水和酒嘉玉城市群的比重最高，到 2017

年末，其65岁以上人口占比达到10.80%和10.16%，酒嘉玉城市群增长了2.78个百分点。整体而言，5个城市群65岁以上老龄人口占比处于增加的趋势，未来人口老龄化问题会进一步加剧，成为西北地区城市群经济社会发展的一个制约因素。

表3-9　2011~2017年西北地区城市群人口老龄化情况　　单位：%

城市群	2011年	2012年	2013年	2014年	2015年	2016年	2017年
关中—天水	8.71	8.79	9.43	9.97	10.11	10.36	10.80
银川平原	5.70	6.82	7.11	6.94	7.23	7.50	8.18
兰白西	7.13	7.36	7.79	7.34	8.67	9.14	9.75
酒嘉玉	7.38	8.51	8.64	7.66	9.33	9.83	10.16
天山北坡	6.61	6.80	6.37	6.87	7.13	7.23	7.28

注：表中反映人口老龄化问题的指标数据为65岁以上人口占总人口的比重。

数据来源：根据《中国城市统计年鉴》（2011~2017年）有关数据整理计算所得。

3.4.7　医疗条件显著改善，教育社保事业长足发展

自2011年以来，西北地区城市群各级政府不断提高公共服务水平，改善医疗卫生条件，教育事业稳步发展，社会保障体系逐步健全。

（1）医疗卫生条件改善方面，如表3-10所示，2017年，卫生技术人员从业人数和万人拥有医疗床位数两项指标，较2011年均有大幅度增长，尤其是5个城市群卫生技术人员从业人数增长迅速，增长率均超过100%，其中，天山北坡城市群增长率达到了241.63%。万人拥有医疗床位数的增长也比较快，5个城市群的增长率均超过30%，其中，天山北坡城市群增长率达到了60.77%。整体而言，上述两项指标的变化，说明西北地区城市群的医疗卫生条件获得较大幅度的改善。

表3－10 西北地区城市群医疗卫生条件改善情况

城市群	卫生技术人员从业人数（人）			万人拥有医疗床位数（张）		
	2011年	2017年	增长率（%）	2011年	2017年	增长率（%）
关中—天水	51380	149965	191.87	24.57	37.02	50.67
银川平原	10279	29500	186.99	25.36	33.64	32.65
兰白西	32804	69909	113.11	26.80	42.73	59.44
酒嘉玉	3000	6837	127.90	27.64	40.43	46.27
天山北坡	13087	44709	241.63	40.48	65.08	60.77

数据来源：根据《中国城市统计年鉴》（2011～2017年）有关数据整理计算所得。

（2）教育与社会保障事业方面，如表3－11所示，2017年，中小学教师从业人数和养老保险参保人数两项指标，较2011年均有大幅度增长，尤其是5个城市群养老保险参保人数增长迅速，其中，兰白西城市群增长率达到了102.43%，天山北坡城市群增长率也接近100%，其他城市群也都在30%以上。中小学教师从业人数方面，5个城市群都有不同程度的增加，其中，兰白西城市群增长率最高，达到了20.77%，酒嘉玉城市群增长率相对较低，仅为2.59%。整体而言，中小学教师从业人数和养老保险参保人数的增加，说明西北地区5个城市群的教育与社会保障事业获得稳步发展。

表3－11 西北地区城市群教育与社保事业发展情况

城市群	中小学教师从业人数（人）			养老保险参保人数（人）		
	2011年	2017年	增长率（%）	2011年	2017年	增长率（%）
关中—天水	242843	262649	8.16	4116264	6312717	53.36
银川平原	45426	49925	9.90	1078562	1404519	30.22
兰白西	96921	117048	20.77	788756	1596707	102.43
酒嘉玉	11332	11626	2.59	177016	262659	48.38
天山北坡	25402	28303	11.42	974340	1910302	96.06

数据来源：根据《中国城市统计年鉴》（2011～2017年）有关数据整理计算所得。

3.4.8 基础设施不断提升，人居环境显著改善

基础设施与人居环境改善是城市建设的重要内容，2011 年以来，西北地区城市群的基础设施水平不断得到提升，城市人居环境得到显著改善。

（1）从建成区供水与排水管道铺设情况来看，如表 3－12 所示，西北地区城市群建成区供水管道和排水管道密度均有提升，其中，关中—天水和银川平原城市群增长的幅度最大，2017 年相比较于 2011 年的增长率均达到 40% 以上，尤其是银川平原城市群的建成区排水管道密度，2017 年相比较于 2011 年的增长率高达 72.19%，极大地改善了城市的排水系统，缓解了城市水资源短缺与水资源需求压力不断加大的紧张局面。

表 3－12　西北地区城市群建成区供水与排水设施改善情况

城市群	建成区供水管道密度（千米/平方千米）			建成区排水管道密度（千米/平方千米）		
	2011 年	2017 年	增长率（%）	2011 年	2017 年	增长率（%）
关中—天水	6.69	9.82	46.79	6.22	8.79	41.32
银川平原	10.24	15.43	50.68	4.28	7.37	72.19
兰白西	7.11	8.53	19.97	4.91	6.56	33.60
酒嘉玉	9.87	10.96	11.04	6.24	7.25	16.19
天山北坡	9.99	11.80	18.12	7.07	8.23	16.41

数据来源：根据《中国城市统计年鉴》（2011～2017 年）有关数据整理计算所得。

（2）从道路与公园绿地情况来看，如表 3－13 所示，西北地区城市群道路和公园绿地建设方面均有显著改善，道路建设方面，关中—天水、银川平原和兰白西 3 个城市群的增长幅度均超过 20%，2017 年相比较于 2011 年的增长率分别达到 25.41%、21.28% 和 26.17%，其他两个城市群增长率也高于 15%。公园绿地建设方面，兰白西、酒嘉玉和天山北坡 3 个城市群的增长幅度均超过 30%，其中，酒嘉玉城市群最高，增长率达到 95.95%。人均公园绿地面积提升显著，反映出西北地区城市群内各级政府对居民生活环境的关注不断增加，致力于提高居

民生活的幸福感，打造绿色宜居的城市环境。

表3-13　西北地区城市群道路与公园绿地改善情况

城市群	人均道路面积（平方米）			人均公园绿地面积（平方米）		
	2011年	2017年	增长率（%）	2011年	2017年	提升率（%）
关中—天水	13.50	16.93	25.41	11.30	12.58	11.33
银川平原	22.46	27.24	21.28	17.43	20.78	19.22
兰白西	10.51	13.26	26.17	8.14	11.28	38.57
酒嘉玉	18.08	20.95	15.87	11.86	23.24	95.95
天山北坡	19.17	22.50	17.37	9.04	12.04	33.19

数据来源：根据《中国城市建设统计年鉴》（2011～2017年）有关数据整理计算所得。

3.4.9　生态环境压力加大，城市群发展约束显现

随着西北地区城市群快速发展，资源消耗水平也随之上升，水资源、能源消耗总体态势持续增长，承接产业转移、吸引要素集聚、周边中心城市快速崛起进一步加剧区域发展与生态保护之间的矛盾，西北地区城市群发展面临巨大的挑战和压力。

关中—天水城市群工业结构中重工业比重超过73.21%①，有色金属加工、建材、煤炭等行业的发展对环境造成了巨大压力，大气中二氧化硫、烟尘含量过高、水资源紧缺、水土流失等问题严重制约了城市群的发展。银川平原城市群土地沙化严重，风沙灾害严重，风沙天气是影响银川平原城市群环境的主要因素。兰白西城市群处于青藏高原向黄土高原的过渡带，生态环境脆弱，水土流失和环境污染严重。由于区域内传统产业比重高、链条短，新兴产业发展不足，基础设施建设滞后，生态承载能力在一定程度上制约着区域经济总量的扩大，工业化、城市化水平的提高和市场规模的扩大。天山北坡城市群GDP占全疆的57.26%，

① 根据2018年《陕西省统计年鉴》有关数据整理计算所得。

而水资源量仅占全疆的7.41%，水资源对社会经济发展的瓶颈制约日益突出，同时，天山北坡城市群集聚了新疆77.23%的重工业和71.16%的轻工业[①]，是电力、煤炭、石油、天然气消费的主要耗能区，其产业结构调整和产业转型升级面临着巨大的节能减排压力。

3.5 本章小结

本章内容包括四个部分：

（1）中国政府对城市群发展的部署安排与规划布局。对近20年来中国政府一系列重大决策部署中关于城市群发展问题的重要部署安排与角色定位做简要回顾。对2015年以来中国分类打造城市群的规划布局做一个梳理，即重点建设5个国家级城市群、稳步建设8个区域性城市群以及引导培育六大新的地区性城市群，并简述每个城市群的规划进展。

（2）确定研究对象。依据国家的规划布局、相关规划文本以及研究报告，本书选取关中—天水、银川平原、兰白西、酒嘉玉和天山北坡5个初具规模的城市群作为研究对象。

（3）中国西北地区城市群演进的简要历程。分别对西北地区5个城市群的区位条件、形成与发展历程以及国家或地方政府对相关城市群规划的批复做一梳理。5个城市群已经初具规模，并得到相关层级的政府认可。

（4）中国西北地区城市群的发展现状。从自然资源、经济规模、产业结构、财政投资、人口状况、社会事业、基础设施以及生态环境等方面，对西北地区城市群进行了现状分析，同时剖析了存在的问题。

① 根据2018年《新疆统计年鉴》有关数据整理计算所得。

第4章　城市群综合承载力评价指标体系与测算模型的构建

评价指标体系与测算模型的构建是城市群综合承载力评价的基础和前提。如前文所述，本书将城市群综合承载力的概念界定为：在一定时期内，由若干大中小城市组成的城市群整体，在其资源环境总量与质量约束下以及自身所提供的公共服务与基础设施的支持下，所能承载的人口规模与社会经济活动总量。从这个概念的内涵体系出发，本章构建城市群综合承载力的评价指标体系，并在参考、借鉴国内外有关文献的基础上，构建本研究的测算评价模型。

4.1　构建城市群综合承载力的评价指标体系

4.1.1　评价指标体系的确定原则

评价指标体系由一系列具有层次性和结构性的评价指标组成，是一个具有科学性、目的性、动态性的有机整体。科学、合理地构建城市群综合承载力评价指标体系是客观、准确测度中国西北地区城市群综合承载力的前提和基础。本书结合现有研究成果，认为评价指标的设置须遵循以下几条原则：

（1）科学性原则。首先，在构建指标体系时应该有坚实的理论基础作为支撑。其次，要有明确的指标概念、标准的测算方法、规范的统计方法和科学的评估方法，以保证综合评价结果的准确性和客观性。

（2）相对完备性原则。城市群综合承载力是一个多种因素综合作用的复杂的巨系统，构建指标体系时应该从不同的角度反映城市群综合承载力的核心内涵和主要特征。城市群综合承载能力评价体系应涵盖反映人口、经济、资源、环境、公共服务、基础设施等各主要方面。

（3）代表性原则。尽管城市群综合承载力涉及城市群运行的众多领域，但是指标体系不可能也不需要面面俱到，指标的选择应该强调代表性和典型性，尽量避免意义相近或重复。

（4）可比性原则。本研究涉及时间和空间两个维度的比较，为了保证研究的科学性，必须确保数据统计口径在时间和空间两个维度上均具有一致性。为此，首先必须尽量使用相对指标，以确保各城市群及群内各城市之间具有横向可比性；其次必须确保各指标的统计口径前后一致，以便进行纵向的评价与比较。

（5）可操作性原则。指标设置要考虑数据的可获得性、可靠程度和可量化性。要尽可能使用现有统计体系下的统计资料。对概念明确、代表性强、可靠度高、可获得性大的指标要优先选择。如果所选指标只具备理论意义而缺乏实际的可操作性，则该指标体系不是能够客观、准确测度城市群综合承载力的有效工具。

（6）动态性与稳定性相结合的原则。城市群综合承载力总体上是动态变化的，但在一定的时期内又保持着相对稳定性，这就决定了城市群综合承载力既具有动态性又具有稳定性，因此，构建评价指标体系时所选的指标也应注重动态性与稳定性的结合。

4.1.2 评价指标的选取

依据上述原则，根据城市群综合承载力的概念与内涵，本书从承载体和受载体两个角度出发，结合中国西北地区城市群特征和数据的可获得性，构建城市群综合承载力评价指标体系（见表4－1）。

表4－1　城市群综合承载力评价指标体系框架

目标层	准则层	子准则层	领域层
城市群综合承载力（A）	约束型承载体承载力（B_1）	资源承载力（C_1）	资源需求（D_1）
			资源供给（D_2）
		环境承载力（C_2）	环境需求（D_3）
			环境供给（D_4）
	可变型承载体承载力（B_2）	公共服务承载力（C_3）	公共服务需求（D_5）
			公共服务供给（D_6）
		基础设施承载力（C_4）	基础设施需求（D_7）
			基础设施供给（D_8）
	受载体承载力（B_3）	人口承载力（C_5）	人口压力（D_9）
			人口支持力（D_{10}）
		经济承载力（C_6）	经济压力（D_{11}）
			经济支持力（D_{12}）

在上述指标体系中，将目标层城市群综合承载力概括为3个准则层，即约束型承载体承载力（B_1）、可变型承载体承载力（B_2）和受载体承载能力（B_3），并进一步归纳为6个子准则层和12个领域层。其中，约束型承载体承载力和可变型承载体承载力反映城市群资源—环境—公共服务—基础设施系统对人类经济社会活动的支撑能力（供给）和人类经济社会活动对资源—环境—公共服务—基础设施系统的影响能力（需求）；受载体承载力是指受载体自身（人口和经济）的有利因素（供给）和不利因素（需求）对城市群综合承载力的影响。

4.1.2.1　约束型承载体承载力

约束型承载体承载力涉及资源承载力和环境承载力两个方面，其在理论上存在上限（阈值）。由于人是有限理性的且存在人为破坏的情况，资源、环境系统的实际承载力通常无法达到这一理论阈值，但通过合理调配资源、保护生态环境等措施可以促使承载体的实际承载力不断接近该理论阈值。

城市群发展必须依托于自身的资源条件，由于水、土地、能源是城市群发展的最基础条件，且考虑到数据的可得性，主要从水资源、土地资源、能源三个方面衡量城市群资源承载力（见表4-2）。

表4-2　城市群约束型承载体承载力评价指标体系

<table>
<tr><th>子准则层</th><th>领域层</th><th>指标层</th><th>指标释义或来源</th><th>指标属性</th></tr>
<tr><td rowspan="11">资源承载力（C_1）</td><td rowspan="6">资源需求（D_1）</td><td>X_1：万元GDP用水量</td><td>供水总量/GDP</td><td>负</td></tr>
<tr><td>X_2：人均日生活用水量</td><td>《中国城市建设统计年鉴》</td><td>负</td></tr>
<tr><td>X_3：万元GDP用地面积</td><td>建成区面积/GDP</td><td>负</td></tr>
<tr><td>X_4：人均建设用地面积</td><td>城市建设用地/年末总人口</td><td>负</td></tr>
<tr><td>X_5：万元GDP耗电量</td><td>全社会用电量/GDP</td><td>负</td></tr>
<tr><td>X_6：人均用气量</td><td>用气总量/用气人口①</td><td>负</td></tr>
<tr><td rowspan="5">资源供给（D_2）</td><td>X_7：人均水资源量</td><td>水资源总量/年末总人口</td><td>正</td></tr>
<tr><td>X_8：用水普及率</td><td>《中国城市建设统计年鉴》</td><td>正</td></tr>
<tr><td>X_9：人均粮食产量②</td><td>粮食产量/年末总人口</td><td>正</td></tr>
<tr><td>X_{10}：人均建成区面积</td><td>建成区面积/年末总人口</td><td>正</td></tr>
<tr><td>X_{11}：燃气普及率</td><td>《中国城市建设统计年鉴》</td><td>正</td></tr>
<tr><td rowspan="4">环境承载力（C_2）</td><td rowspan="4">环境需求（D_3）</td><td>X_{12}：万元GDP工业二氧化硫排放量</td><td>工业二氧化硫排放量/GDP</td><td>负</td></tr>
<tr><td>X_{13}：万元GDP污水排放量</td><td>污水排放量/GDP</td><td>负</td></tr>
<tr><td>X_{14}：人均生活垃圾清运量</td><td>生活垃圾清运量/年末总人口</td><td>负</td></tr>
<tr><td>X_{15}：空气质量优良率</td><td>《中国城市统计年鉴》、《环境状况公报》和相关政府网站</td><td>正</td></tr>
</table>

① 燃气分为天然气、人工煤气和液化石油气，在《中国城市统计年鉴》中，天然气和人工煤气被合并为“供气总量（人工、天然气）”一个指标进行统计，而液化石油气单独统计，且单位与天然气和人工煤气不一致。根据《1986年重点工业、交通运输企业能源统计报表制度》，1kg液化石油气可折算为1.7143kg标准煤，1m^3天然气可折算为1.3300kg标准煤，可算得液化石油气折算为天然气的折算系数是1.2889m^3/kg。人均用气量的计算公式为：人均用气量=供气总量/用气人口=（人工、天然气供气总量+液化石油气）/（人工、天然气用气人口+液化石油气用气人口）。

② 由于统计年鉴上没有更新2008年以后各个城市的耕地面积，选取人均粮食产量来间接反映耕地资源紧缺程度。

续表

子准则层	领域层	指标层	指标释义或来源	指标属性
环境承载力（C_2）	环境供给（D_4）	X_{16}：污水处理率	《中国城市建设统计年鉴》	正
		X_{17}：生活垃圾处理率	《中国城市建设统计年鉴》	正
		X_{18}：建成区绿化覆盖率	《中国城市建设统计年鉴》	正
		X_{19}：人均公园绿地面积	《中国城市建设统计年鉴》	正

水资源承载力用万元GDP用水量（X_1）、人均日生活用水量（X_2）、人均水资源量（X_7）和用水普及率（X_8）来综合反映，土地资源承载力用万元GDP用地面积（X_3）、人均建设用地面积（X_4）、人均粮食产量（X_9）和人均建成区面积（X_{10}）来衡量，能源承载力用万元GDP耗电量（X_5）、人均用气量（X_6）和燃气普及率（X_{11}）来测度。资源承载力的资源供给维度中，人均指标表示城市群在当前的发展条件下可获得的资源规模，即该城市群所面临的资源稀缺程度；资源承载力的资源需求维度中，万元产值消耗资源量和人均消耗资源量表示城市群的资源集约利用程度，分别从生产和生活方面表征其资源可持续利用水平。

城市群是一个典型的人工系统，由于空间异质性的存在，人类经济社会活动不断向交通便利、经济基础较好、资源相对充裕、环境容量较大的城市及城市群集中。人类经济社会活动在城市群集中给城市群创造了大量财富的同时，也给城市群产生了大量污染物，对城市群的健康发展造成了严重的负面影响。为了缓解污染物对城市群系统的损害，人类社会开始评估城市群环境状况、进行环境治理和绿化城市环境。环境承载力主要从污染物排放情况、环境状况、环境治理水平、城市绿化情况等方面衡量。兼顾数据的可获得性和代表性原则，污染物排放情况用万元GDP工业二氧化硫排放量（X_{12}）、万元GDP污水排放量（X_{13}）和人均生活垃圾清运量（X_{14}）3个指标来衡量；环境状况用空气质量优良率（X_{15}）来衡量；环境治理水平用污水处理率（X_{16}）和生活垃圾处理率（X_{17}）来反映；城市绿化情况用建成区绿化覆盖率（X_{18}）和人均公园绿地面积（X_{19}）来反映。

4.1.2.2 可变型承载体承载力

可变型承载体承载力涉及基础设施承载力和公共服务承载力。这类承载体存在正外部性，通过增加供给量、空间合理配置等措施可以得到较大改善，进而增强城市群综合承载力。受限于数据的可获得性，选取的反映城市群公共服务承载力的指标比较少，主要反映教育、科技、医疗卫生等方面的内涵（见表4－3）。其中，中小学教师平均负担学生数（X_{20}）和每百人公共图书馆图书藏量（X_{22}）反映城市群的受教育水平，每万人拥有医院、卫生院床位数（X_{21}）反映城市群的医疗卫生条件，科技支出占公共财政支出比重（X_{23}）反映城市群的科技发展水平。

城市群的基础设施是支撑城市群综合承载力提升的重要承载体，直接或间接关系到城市群经济运行效率，进而影响城市群发展的各个方面。受限于数据的可获得性，本书从交通、供排水、城市维护、通信四个方面衡量城市群基础设施承载力，其中交通条件对城市群发展的影响最大，因而选取的指标较多。交通承载力方面主要涉及人均客运量（X_{24}）、人均货运量（X_{25}）、人均邮电业务总量（X_{26}）、邮电业务强度（X_{27}）、人均道路面积（X_{28}）、公路网密度（X_{29}）6个指标，供排水设施承载力主要选取建成区供水管道密度（X_{30}）和建成区排水管道密度（X_{31}）两个指标衡量，城市维护方面选取单位面积城市维护建设资金支出（X_{32}）来测度，通信设施承载力通过每百人固定及移动电话用户数（X_{33}）和每百人互联网宽带接入用户数（X_{34}）两个指标来反映。

表4－3　城市群可变型承载体承载力评价指标体系

子准则层	领域层	指标层	指标释义	指标属性
公共服务承载力（C_3）	公共服务需求（D_5）	X_{20}：中小学教师平均负担学生数	中小学生数/中小学教师数	负
		X_{21}：每万人拥有医院、卫生院床位数	医院、卫生床位数/年末总人口	正
	公共服务供给（D_6）	X_{22}：每百人公共图书馆图书藏量	《中国城市统计年鉴》	正
		X_{23}：科技支出占公共财政支出比重	科学技术支出/公共财政预算内支出	正

续表

子准则层	领域层	指标层	指标释义	指标属性
基础设施承载力（C_4）	基础设施需求（D_7）	X_{24}：人均客运量	客运总量/年末总人口	负
		X_{25}：人均货运量	货运总量/年末总人口	负
		X_{26}：人均邮电业务总量	邮电业务总量/年末总人口	负
		X_{27}：邮电业务强度	邮电业务总量/GDP	负
	基础设施供给（D_8）	X_{28}：人均道路面积	《中国城市建设统计年鉴》	正
		X_{29}：公路网密度	公路里程/行政区面积	正
		X_{30}：建成区供水管道密度	《中国城市建设统计年鉴》	正
		X_{31}：建成区排水管道密度	《中国城市建设统计年鉴》	正
		X_{32}：单位面积城市维护建设资金支出	城市维护建设资金支出/建成区面积	正
		X_{33}：每百人固定及移动电话用户数	电话用户数/年末总人口	正
		X_{34}：每百人互联网宽带接入用户数	互联网宽带接入用户数/年末总人口	正

4.1.2.3　受载体承载力

受载体承载力涉及人口承载力和经济承载力。人口和经济是城市群系统的两大主要受载体。受载体的发展水平对于城市群综合承载力有十分重要的影响，它直接或间接地影响城市群综合承载力水平的高低。在间接影响方面主要体现在：人口基数和人口自然增长率越大、人口密度越高会对城市群资源、环境、公共服务和基础设施等承载体形成越大的需求压力，与此同时，经济发展水平越高、产业结构越高级，城市群的资源消耗强度、污染物排放强度以及公共服务和基础设施承载力方面以 GDP 为分母的指标的观测数据就越小，因而，城市群的综合承载力就越高。考虑到数据的可得性和所选指标的代表性，人口承载力主要从人口密度（X_{36}）、人口变化（用人口自然增长率（X_{35}）来衡量）、就业（用城市辖区单位面积从业人员数（X_{37}）来衡量）和人口健康保障（用每万人拥有医生数（X_{38}）来衡量）等方面衡量，而经济承载力主要从经济发展水平（用人均 GDP（X_{41}）来衡量）、产业结构（用第一产业占 GDP 比重（X_{39}）和第三产业占 GDP

比重（X_{42}）来衡量）、经济运行成本（用在岗职工平均工资（X_{40}）来衡量）等方面衡量（见表4－4）。

表4－4　城市群受载体承载力评价指标体系

子准则层	领域层	指标层	指标释义	指标属性
人口承载力（C_5）	人口需求（D_9）	X_{35}：人口自然增长率	《中国城市统计年鉴》	负
		X_{36}：人口密度	《中国城市建设统计年鉴》	负
	人口供给（D_{10}）	X_{37}：城市辖区单位面积从业人员数	从业人员期末人数/建成区面积	正
		X_{38}：每万人拥有医生数	执业医生数/年末总人口	正
经济承载力（C_6）	经济需求（D_{11}）	X_{39}：第一产业占GDP比重	第一产业增加值/GDP	负
		X_{40}：在岗职工平均工资	《中国城市统计年鉴》	负
	经济供给（D_{12}）	X_{41}：人均GDP	《中国城市建设统计年鉴》	正
		X_{42}：第三产业占GDP比重	第三产业增加值/GDP	正

4.1.3　指标权重的确定方法

由于各评价指标对城市群综合承载力的影响程度不同，需要对各指标赋权。为了使所赋权重既能客观真实地反映中国西北地区城市群综合承载状况，又能充分利用不同指标数据的离散信息，以尽可能反映城市群内各城市间的差异，本书采用属于客观赋值法的熵值法确定各指标权重。计算步骤如下：

设有 t 个年份、m 个城市、n 项评价指标，形成初始指标数据矩阵：

$X=\{x_{\lambda pk}\}$（$1\leqslant\lambda\leqslant t$；$1\leqslant p\leqslant m$；$1\leqslant k\leqslant n$）

其中，$x_{\lambda pk}$为第 p 个城市第 k 项指标第 λ 年的原始数据。

（1）为了消除量纲和指标属性的影响，采用 max－min 法对原始数据进行标准化处理。

对于正向指标：$x'_{\lambda pk}=(x_{\lambda pk}-x_{k\min})/(x_{k\max}-x_{k\min})$。

对于逆向指标：$x'_{\lambda pk}=(x_{k\max}-x_{\lambda pk})/(x_{k\max}-x_{k\min})$。

（2）将标准化数据平移1个单位，平移后指标数据为：$y_{\lambda pk}=x'_{\lambda pk}+1$。

(3)数据归一化处理，得到比重矩阵$\{L_{\lambda pk}\}$，$L_{\lambda pk}=y_{\lambda pk}/\sum_{\lambda=1}^{t}\sum_{i=1}^{m}y_{\lambda pk}$。

(4)求各指标信息熵值：$e_k=-[1/\ln(t\times m)]\times\sum_{i=1}^{m}L_{\lambda pk}\ln L_{\lambda pk}$。

(5)求各指标效用值：$g_k=1-e_k$。

(6)求各指标权重：$w_k=g_k/\sum_{k=1}^{n}g_k$。

将各评价指标数据代入熵值法的计算过程，得到西北地区城市群综合承载力指标权重。

4.2　构建城市群综合承载力的评价模型

城市群综合承载力系统是一个多因素相互作用的复杂巨系统，往往各种确定性与不确定性特征共同存在，本研究引入广泛应用于复杂系统不确定性分析的集对分析法（Set Pair Analysis，SPA）来测度 2011～2017 年中国西北地区 5 个城市群内 32 个城市的综合承载力。然后，通过求各城市群内城市的综合承载力平均值来评价与比较中国西北地区 5 个城市群的综合承载力和各个子要素承载力。

集对分析是赵克勤提出的一种定量分析理论。其核心思想是将确定性和不确定性作为一个系统，由具有一定联系的两个集合 A、B 组成一个集合对子 H（A，B），然后在一定的问题背景下分析集合对子 H（A，B）的特性，并将确定性定义为“同一”和“对立”两个方面，而将不确定性定义为“差异”，从而建立集合 A、B 的同异反联系度表达式（赵克勤，1994）：

$$\mu=a+bj+cj=\frac{S}{N}+\frac{F}{N}i+\frac{P}{N}j \tag{4-1}$$

式（4－1）中，N、S、P 分别为集对 H（A，B）的特性总数、集合 A 和 B 所共同具有的特性数、集合 A 和 B 相互对立的特性数，$F=N-S-P$ 是集合 A、B 既不共同具有又不相互对立的特性数，则 S/N、F/N、P/N 分别为集对 H 在指定问题背景下的同一度、差异度和对立度；i、j 为差异度和对立度的系数，其中 i 的取值在区间［-1，1］内视情况而定，j 取值 -1。

根据集对分析核心思想，定义中国西北地区城市群综合承载力评价指标体系为集合 E、指标评价标准为集合 U，由集合 E、U 共同构成集对 H（E，U），在集合 E、U 之间判断同一、差异、对立的关系，从而将评价中国西北地区城市群资源环境承载力转化为对集合 E 和集合 U 进行比较分析。具体而言，设西北地区城市群综合承载力评价问题为 $Q=\{E, I, W, X\}$，其中 $E=\{e_1, e_2, \cdots, e_m\}$ 为评价方案集，$I=\{i_1, i_2, \cdots, i_n\}$ 为评价指标集，$W=\{w_1, w_2, \cdots, w_n\}$ 为指标权重集，X 为问题 Q 的评价矩阵。假设评价指标值为 x_{pk}（$p=1, 2, \cdots, m$；$k=1, 2, \cdots, n$），则问题 Q 的评价矩阵 X 为式(4-2)：

$$X=\begin{Bmatrix} x_{11} & x_{12} & \cdots & x_{1n} \\ x_{21} & x_{22} & \cdots & x_{2n} \\ \vdots & \vdots & \ddots & \vdots \\ x_{m1} & x_{m2} & \cdots & x_{mn} \end{Bmatrix} \tag{4-2}$$

在同一空间内进行比较，确定由最优评价值 u_k 组成的最优方案集 $U=\{u_1, u_2, \cdots, u_n\}$ 和由最劣值 v_k 组成的最劣方案集 $V=\{v_1, v_2, \cdots, v_n\}$。则集对 $\{E_p, U\}$ 在区间 $[V, U]$ 上的联系度为：

$$\begin{cases} \mu(E_m, U) = a_m + b_m i + c_m j \\ a_p = \sum w_k a_{pk} \qquad k=(1,2,\cdots,n) \\ c_p = \sum w_k c_{pk} \end{cases} \tag{4-3}$$

式中，a_{pk}、c_{pk} 分别为评价指标 x_{pk} 与集合［v_k，u_k］的同一度、对立度，w_k 为第 k 项指标的权重。同一度 a_{pk} 和对立度 c_{pk} 依据各个指标对应于准则层的属性而取值，当 x_{pk} 为正向指标时：

$$\begin{cases} a_{pk} = \dfrac{x_{pk}}{u_k + v_k} \\ c_{pk} = \dfrac{u_k v_k}{x_{pk}(u_k + v_k)} \end{cases} \tag{4-4}$$

当 x_{pk} 为负向指标时：

$$\begin{cases} a_{pk} = \dfrac{u_k v_k}{x_{pk}(u_k + v_k)} \\ c_{pk} = \dfrac{x_{pk}}{u_k + v_k} \end{cases} \tag{4-5}$$

方案 E 与最优方案 U 的相对贴近度 r_p 的定义式为：

$$r_p = \frac{a_p}{a_p + c_p} \tag{4-6}$$

式（4-6）中，$r_p \in [0, 1]$，r_p 指数反映待评价方案 Ep 与最优方案集合的贴近程度，其值越大说明被评价对象越接近最优评价标准。在本书中可以用 r_p 指数来衡量 2011～2017 年中国西北地区 5 个城市群以及群内城市的综合承载力，r_p 越大说明城市综合承载力越强。

然后，测算群内城市的综合承载力平均值，即可衡量各城市群的综合承载力。

沿用集对分析法的计算方法还可以用于测算中国西北地区城市群及群内城市综合承载力的准则层、子准则层和领域层的承载力指数。

4.3　本章小结

本章内容包括两个部分：

（1）构建城市群综合承载力的评价指标体系。结合研究内容实际，在交代评价指标设置遵循原则的基础上，从城市群综合承载力的概念内涵出发，对其承载体和受载体逐步分解，构建了包含 5 个层次的多维度“城市群综合承载力评价指标体系”，即目标层（城市群综合承载力）—准则层（3 个）—子准则层（6 个）—领域层（12 个）—指标层（42 个），对各个层次以及具体指标进行了内涵解释，并选择“熵值法”作为指标权重的确定方法。

（2）基于系统论思想，本书认为城市群综合承载力是一个多因素相互作用的复杂巨系统，本研究引入广泛应用于复杂系统不确定性分析的集对分析法，用以测算各层次承载力。对于集对分析法的基本原理作以分析与介绍。

第5章　中国西北地区城市群综合承载力测算与比较分析

5.1　中国西北地区城市群综合承载力的测算

5.1.1　数据来源

本书主要研究中国西北地区5个城市群及其群内32个城市2011～2017年的综合承载力状况，所需基础数据主要来源于2012～2018年《中国城市统计年鉴》和2011～2017年《中国城市建设统计年鉴》，部分数据来源于2012～2018年西北五省区统计年鉴、各城市统计年鉴、统计公报及相关政府网站。由于《中国城市统计年鉴》从2011年才开始统计各个县级市的资源环境类指标，本书仅对2011～2017年中国西北地区城市群综合承载力进行评价与分析。个别城市的少数指标数据明显有误，根据相近年份的数据采用插值法予以纠正；玉门、灵武的空气质量优良率难以获取，分别以每年各自所属地级市（酒泉、银川）的数据代替。

需要特别说明的是：由于统计年鉴上没有更新2008年以后各个城市的耕地面积，选取人均粮食产量来间接反映耕地资源紧缺程度；计算人均全年用气量时，考虑到液化石油气与人工煤气和天然气单位不一致，按1kg液化石油气＝

1.2889 立方米天然气将液化石油气折算成天然气。

5.1.2 指标权重的确定

依据上一章确定指标权重的计算方法熵值法，按照既定的计算步骤，确定的指标体系中的各指标权重如表 5－1 所示。

表 5－1 中国西北地区城市群综合承载力评价指标权重

指标	权重	指标	权重
X_1	0.0181	X_{22}	0.0188
X_2	0.0129	X_{23}	0.0367
X_3	0.0181	X_{24}	0.0205
X_4	0.0086	X_{25}	0.0075
X_5	0.0204	X_{26}	0.0198
X_6	0.0093	X_{27}	0.0061
X_7	0.0307	X_{28}	0.0305
X_8	0.0160	X_{29}	0.0799
X_9	0.0493	X_{30}	0.0274
X_{10}	0.0372	X_{31}	0.0284
X_{11}	0.0178	X_{32}	0.0347
X_{12}	0.0176	X_{33}	0.0380
X_{13}	0.0183	X_{34}	0.0168
X_{14}	0.0288	X_{35}	0.0171
X_{15}	0.0187	X_{36}	0.0331
X_{16}	0.0122	X_{37}	0.0330
X_{17}	0.0040	X_{38}	0.0233
X_{18}	0.0225	X_{39}	0.0189
X_{19}	0.0239	X_{40}	0.0133
X_{20}	0.0247	X_{41}	0.0277
X_{21}	0.0219	X_{42}	0.0374

5.1.3 测算结果

运用第 4 章构建的城市群综合承载力评价指标体系与测算模型，在使用熵值法确定指标权重的基础上，采用集对分析法对 2011 ~2017 年中国西北地区 5 个城市群的综合承载力及各要素承载力进行综合评价，然后求各个城市群各年份的综合承载力平均值（见表 5 -2），为了更直观地观测各个城市群综合承载力的变动趋势，做出综合承载力变动趋势图（见图 5 -1），在此基础上评价中国西北地区 5 个城市群的综合承载力状况。

表 5 -2　西北地区城市群综合承载力测算结果

城市群	2011 年	2012 年	2013 年	2014 年	2015 年	2016 年	2017 年	年平均值	年均增速（%）
关中—天水	0. 5648	0. 5752	0. 5936	0. 6054	0. 6098	0. 6161	0. 6256	0. 5986	1. 72
兰白西	0. 4787	0. 5176	0. 5189	0. 5367	0. 5392	0. 5470	0. 5677	0. 5294	2. 88
酒嘉玉	0. 4947	0. 5017	0. 5301	0. 5590	0. 5420	0. 5334	0. 5236	0. 5264	0. 95
银川平原	0. 5212	0. 5217	0. 5326	0. 5500	0. 5592	0. 5772	0. 5824	0. 5492	1. 87
天山北坡	0. 5023	0. 5253	0. 5385	0. 5417	0. 5582	0. 5677	0. 5642	0. 5426	1. 96
平均值	0. 5123	0. 5283	0. 5427	0. 5586	0. 5617	0. 5683	0. 5727	0. 5492	1. 87
极差	0. 0861	0. 0735	0. 0747	0. 0687	0. 0706	0. 0828	0. 1020	—	—

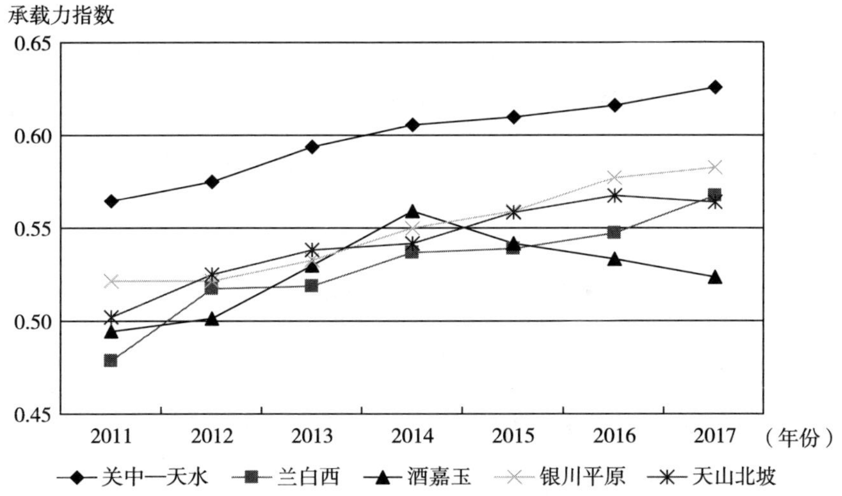

图 5 -1　西北地区城市群综合承载力的变动趋势

5.2 中国西北地区城市群综合承载力的比较分析

5.2.1 中国西北地区城市群综合承载力的纵向比较分析

如表5-2和图5-1所示，2011~2017年，中国西北地区5个城市群的综合承载力指数均有不同程度的上升，关中—天水城市群、兰白西城市群、酒嘉玉城市群、银川平原城市群、天山北坡城市群的综合承载力指数分别由2011年的0.5648、0.4787、0.4947、0.5212、0.5023上升为2017年的0.6256、0.5677、0.5236、0.5824、0.5642，年均增速分别为1.72%、2.88%、0.95%、1.87%、1.96%，相应地，5个城市群综合承载力指数的平均值也由2011年的0.5123上升为2017年的0.5727。这说明7年间中国西北地区城市群整体及各个城市群的综合承载力均有所提升。然而，从各城市群综合承载力指数及其增长率来看：2017年各个城市群的综合承载力指数及其7年平均值均在［0.52，0.63］上，且2017年5个城市群综合承载力指数的平均值仅为0.5727，均与理论上的最高值1差距较大。这说明近年来中国西北地区城市群综合承载力整体上有所提升，但承载力现状仍不容乐观，深入研究西北地区城市群综合承载力具有重要的现实意义。

5.2.2 各城市群综合承载状况的横向比较分析

对各个城市群的综合承载力指数进行横向比较发现，2011~2017年，中国西北地区5个城市群的综合承载力均存在明显差距，关中—天水城市群综合承载力明显高于其他4个城市群，酒嘉玉和兰白西城市群综合承载力最差，银川平原城市群和天山北坡城市群的综合承载力居中。如图5-1和表5-2所示：2011~2017年，关中—天水城市群综合承载力指数稳居5个城市群之首，且其余4个城市群与之差距较大。从5个城市群的综合承载力指数来看，2011～2017年，关中—天水城市群的综合承载力指数依次为0.5648、0.5752、0.5936、0.6054、0.6098、0.6161、0.6256，兰白西城市群的综合承载力指数依次为0.4787、0.5176、0.5189、0.5367、0.5392、0.5470、0.5677，酒嘉玉城市群的综合承载力指数依次为0.4947、0.5017、0.5301、0.5590、0.5420、0.5334、0.5236，银川平原城市群的综合承载力指数依次为0.5212、0.5217、0.5326、0.5500、0.5592、0.5772、0.5824，天山北坡城市群的综合承载力指数依次为0.5023、0.5253、0.5385、0.5417、0.5582、0.5677、0.5642。可以看出：7年间关中—天水城市群的综合承载力指数均明显高于西北地区其他4个城市群；酒嘉玉和兰白西城市群的历年综合承载力指数及其平均值几乎都排在中国西北地区5个城市群的末位，是西北地区5个城市群承载力最差的两个城市群；银川平原城市群、天山北坡城市群的综合承载力指数及其平均值均在0.54左右。从城市群综合承载力指数的极差来看，2011～2017年，西北地区5个城市群综合承载力的极差由0.0861波动上升为0.1020，这说明7年来，西北地区5个城市群之间综合承载力差距有所扩大。尤其需要注意的是，自2015年开始，西北地区5个城市群综合承载力的极差出现“三连升”，因此，需要预防西北地区各个城市群之间综合承载力差距的进一步扩大。

5.2.3　各城市群综合承载力提升速度比较分析

由表5－2可知，中国西北地区5个城市群中，关中—天水城市群、兰白西城市群、酒嘉玉城市群、银川平原城市群和天山北坡城市群的综合承载力指数年均增长速度分别为1.72%、2.88%、0.95%、1.87%和1.96%，排序为：兰白西城市群＞天山北坡城市群＞银川平原城市群＞关中—天水城市群＞酒嘉玉城市群。这里，除了与西北地区各城市群面临的外部环境存在差异有关外，还跟各城市群所处的发展阶段有关。例如，根据经济学中的边际报酬递减规律，关中—天水城市群的综合承载力水平较高，提升空间就会较其余城市群小，综合承载力增速就会较低。酒嘉玉城市群在5个城市群中综合承载力最弱、提升速度最慢，可能原因是，受自身区位条件较差和经济基础薄弱制约，该地区经济承载力和人口承载力提升缓慢。

5.3 中国西北地区城市群准则层承载力的比较分析

由于资源与环境之间、公共服务与基础设施之间、人口与经济之间关系密切，如果仅对资源、环境、公共服务、基础设施、人口、经济等子要素承载力进行比较分析，研究结果会存在一定的局限性。因此，本部分沿用集对分析法的测度方法计算中国西北地区各个城市群的约束型承载体承载力指数、可变型承载体承载力指数和受载体承载力指数，从西北地区城市群综合承载力评价指标体系的准则层角度进行比较分析，诊断出各个城市群综合承载力提升的短板所在。

5.3.1 约束型承载体承载力的比较分析

表5－3是中国西北地区城市群约束型承载体承载力的测算结果，为了更直观地观测各城市群约束型承载体承载力的变动趋势，做出约束型承载体承载力变动趋势图（见图5－2），在此基础上评价西北地区5个城市群的约束型承载体承载力状况。

表5－3 中国西北地区城市群约束型承载体承载力测算结果

城市群	2011年	2012年	2013年	2014年	2015年	2016年	2017年	年均增速（%）
关中—天水	0.5988	0.6177	0.6246	0.6232	0.6317	0.6373	0.6573	1.56
兰白西	0.4789	0.5193	0.5371	0.5453	0.5474	0.5705	0.5860	3.42
酒嘉玉	0.6208	0.6463	0.6468	0.6528	0.6522	0.6556	0.6669	1.20
银川平原	0.5785	0.6035	0.6135	0.6166	0.6120	0.6302	0.6495	1.95
天山北坡	0.5749	0.5985	0.6128	0.6205	0.6202	0.6245	0.6242	1.38

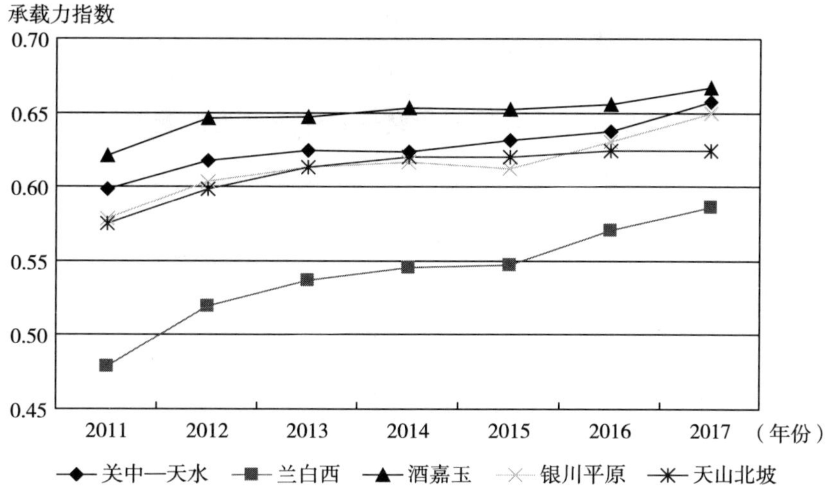

图 5－2　中国西北地区城市群约束型承载体承载力的变动趋势

如表 5－3 和图 5－2 所示，2011～2017 年，关中—天水、兰白西、酒嘉玉、银川平原、天山北坡 5 个城市群的约束型承载体承载力指数均有所提升，分别由 2011 年的 0.5988、0.4789、0.6208、0.5785、0.5749 上升为 2017 年的 0.6573、0.5860、0.6669、0.6495、0.6242，年均增速分别为 1.56%、3.42%、1.20%、1.95%、1.38%，且上升趋势均比较稳定。这说明 7 年间，西北地区 5 个城市群约束型承载体承载力水平均不断提高，承载状况持续向好。

对约束型承载体承载力指数进行横向比较，可以发现，西北地区 5 个城市群的约束型承载体承载状况可分为三个梯队：酒嘉玉城市群的约束型承载体承载力指数最高，位居第一梯度；关中—天水城市群、银川平原城市群和天山北坡城市群的约束型承载体承载力指数略低于酒嘉玉城市群，属于第二梯队；兰白西城市群的约束型承载体承载力指数最低、年均增速较大，属于第三梯队。约束型承载体是决定城市群规模的最基础条件，在理论上存在上限（即阈值），兰白西城市群的约束型承载体承载力指数明显低于西北地区其他 4 个城市群，其在建设过程中面对国内外各种资源时，应该采取更加谨慎的态度，尽量减少城市群的盲目扩张对城市群资源、环境等约束型承载体的负面影响。

5.3.2 可变型承载体承载力的比较分析

表5-4是中国西北地区城市群可变型承载体承载力的测算结果，为了更直观地观测各个城市群可变型承载体承载力的变动趋势，做出可变型承载体承载力变动趋势图（见图5-3），在此基础上评价中国西北地区5个城市群的可变型承载体承载力状况。

表5-4 中国西北地区城市群可变型承载体承载力测算结果

城市群	2011年	2012年	2013年	2014年	2015年	2016年	2017年	年均增速（%）
关中—天水	0.5853	0.5939	0.6145	0.6416	0.6319	0.6459	0.6340	1.34
兰白西	0.4556	0.5197	0.5027	0.5410	0.5193	0.5230	0.5352	2.72
酒嘉玉	0.3875	0.3884	0.4206	0.4881	0.4441	0.4217	0.3959	0.36
银川平原	0.5206	0.4913	0.4973	0.5417	0.5435	0.5944	0.5815	1.86
天山北坡	0.4686	0.5049	0.5120	0.5012	0.5091	0.5279	0.5046	1.24

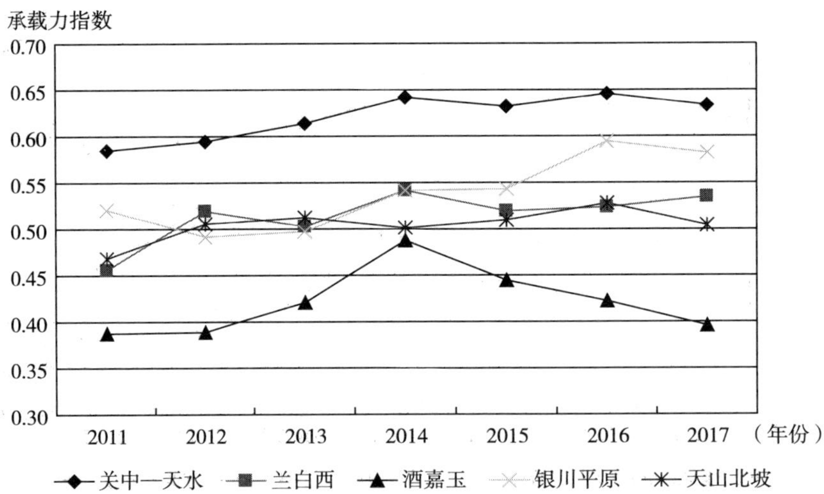

图5-3 中国西北地区城市群可变型承载体承载力的变动趋势

如表 5－4 和图 5－3 所示，2011～2017 年，关中—天水、兰白西、酒嘉玉、银川平原、天山北坡 5 个城市群的可变型承载体承载力指数均有所提升，分别由 2011 年的 0.5853、0.4556、0.3875、0.5206、0.4686 上升为 2017 年的 0.6340、0.5352、0.3959、0.5815、0.5046，年均增速分别为 1.34%、2.72%、0.36%、1.86%、1.24%，这说明 7 年间，西北地区 5 个城市群的可变型承载体承载力亦不断增强。

对可变型承载体承载力指数进行横向比较发现，中国西北地区 5 个城市群的可变型承载体承载状况可分为三种类型：关中—天水城市群的可变型承载体承载力指数最高，增长趋势比较稳定，为第一种类型；兰白西城市群、银川平原城市群和天山北坡城市群的可变型承载体承载力指数次之、增长趋势波动较大，为第二种类型；酒嘉玉城市群的可变型承载体承载力指数最低、年均增速最小，且 2014 年后持续下降，为第三种类型。从各个城市群的可变型承载体承载力指数的大小来看，兰白西城市群、酒嘉玉城市群、银川平原城市群和天山北坡城市群的可变型承载体承载力指数明显低于关中—天水城市群。这些城市群，尤其是酒嘉玉城市群更应该进一步增加公共服务和基础设施供给量、促进公共服务和基础设施的空间合理配置，支撑城市群综合承载力提升。

5.3.3　受载体承载力的比较分析

表 5－5 是中国西北地区城市群受载体承载力的测算结果，为了更直观地观测各个城市群受载体承载力的变动趋势，做出受载体承载力变动趋势图（见图 5－4），在此基础上评价 5 个城市群的受载体承载力状况。

如表 5－5 和图 5－4 所示，2011～2017 年，关中—天水、兰白西、酒嘉玉、银川平原、天山北坡 5 个城市群的受载体承载力指数有所提升，分别由 2011 年的 0.3942、0.4698、0.4179、0.3464、0.3475 上升为 2017 年的 0.4836、0.5187、0.4582、0.3949、0.4835，年均增速分别为 3.46%、1.66%、1.54%、2.21%、5.66%。这说明 7 年间，中国西北地区 5 个城市群的受载体承载力均不断增强，表明近年来西北地区城市群产业体系的经济效益和就业吸纳能力逐渐提升，人口素质也有所提升。

表5-5 中国西北地区城市群受载体承载力测算结果

城市群	2011年	2012年	2013年	2014年	2015年	2016年	2017年	年均增速（%）
关中—天水	0.3942	0.3807	0.4270	0.4359	0.4567	0.4539	0.4836	3.46
兰白西	0.4698	0.4408	0.4479	0.4549	0.4963	0.4731	0.5187	1.66
酒嘉玉	0.4179	0.3950	0.4545	0.4697	0.4770	0.4830	0.4582	1.54
银川平原	0.3464	0.3358	0.3561	0.3689	0.4194	0.3847	0.3949	2.21
天山北坡	0.3475	0.3548	0.3763	0.3911	0.4511	0.4554	0.4835	5.66

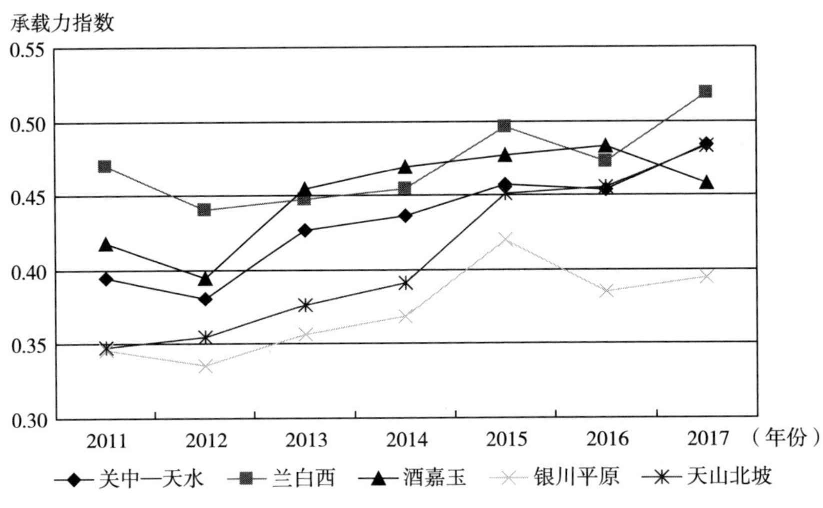

图5-4 中国西北地区城市群受载体承载力的变动趋势

对受载体承载力指数进行横向比较发现，西北地区5个城市群的受载体承载状况可分为四种类型：兰白西城市群为第一种类型，其受载体承载力指数最高，但上升幅度较小；关中—天水城市群和酒嘉玉城市群为第二种类型，其受载体承载力指数居中，且趋势比较平稳；天山北坡城市群为第三种类型，其受载体承载力指数起点低，但提升速度很快；银川平原城市群为第四种类型，其受载体承载力指数最低，增长速度也较小。与约束型承载体承载力指数和可变型承载体承载力指数相比，西北地区 5 个城市群的受载体承载力指数明显偏低，这说明人口、经济承载力状况较差是西北地区 5 个城市群的共同特征。

5.3.4　中国西北地区城市群综合承载力的短板分析

针对各个城市群，比较约束型承载体承载力指数、可变型承载体承载力指数、受载体承载力指数大小，可以判断促进中国西北地区各城市群综合承载力提升的短板所在。具体而言，可以根据表 5 –3、表 5 –4、表 5 –5 和图 5 –2、图 5 –3、图 5 –4 进行短板分析。

5.3.4.1　关中—天水城市群

2011 ~2017 年，关中—天水城市群的约束型承载体承载力指数依次为 0.5988、0.6177、0.6246、0.6232、0.6317、0.6373、0.6573，年均增速为 1.56%；可变型承载体承载力指数依次为 0.5853、0.5939、0.6145、0.6416、0.6319、0.6459、0.6340，年均增速为 1.34%；受载体承载力指数依次为 0.3942、0.3807、0.4270、0.4359、0.4567、0.4539、0.4836，年均增速为 3.46%。可以发现：7 年间，关中—天水城市群的受载体承载力指数均明显低于约束型承载体承载力指数和可变型承载体承载力指数，但受载体承载力指数年均增速最大。因此，受载体承载力是关中—天水城市群综合承载力的短板，但其对关中—天水城市群综合承载力提升的限制逐步得到缓解。

5.3.4.2　兰白西城市群

2011 ~2017 年，兰白西城市群的约束型承载体承载力指数依次为 0.4789、0.5193、0.5371、0.5453、0.5474、0.5705、0.5860，年均增速为 3.42%；可变型承载体承载力指数依次为 0.4556、0.5197、0.5027、0.5410、0.5193、0.5230、0.5352，年均增速为 2.72%；受载体承载力指数依次为 0.4698、0.4408、0.4479、0.4549、0.4963、0.4731、0.5187，年均增速为 1.66%。2011 年，兰白西城市群的约束型承载体、可变型承载体和受载体的承载力指数比较接近，兰白西城市群综合承载力不存在明显短板，说明此时兰白西城市群发展比较均衡。之后，兰白西城市群的约束型承载体承载力指数和可变型承载体承载力指数上升较快，而受载体承载力指数提升较慢，导致受载体承载力越来越成为制约兰白西城市群综合承载力提升的短板。

5.3.4.3 酒嘉玉城市群

2011～2017 年，酒嘉玉城市群的约束型承载体承载力指数依次为 0.6208、0.6463、0.6468、0.6528、0.6522、0.6556、0.6669，年均增速为 1.20%；可变型承载体承载力指数依次为 0.3875、0.3884、0.4206、0.4881、0.4441、0.4217、0.3959，年均增速为 0.36%；受载体承载力指数依次为 0.4179、0.3950、0.4545、0.4697、0.4770、0.4830、0.4582，年均增速为 1.54%。7 年间，酒嘉玉城市群的可变型承载体和受载体承载力指数均明显低于约束型承载体承载指数，说明一直以来，可变型承载体和受载体承载力是制约酒嘉玉城市群综合承载力提升的重要短板。受益于"一带一路"倡议的不断推进，酒嘉玉城市群经济增长开始加速，使得其受载体承载力指数提升速度超过约束型和可变型承载体承载力指数，受载体承载力对综合承载力提升的限制程度开始下降。相反，可变型承载体承载力指数不仅从绝对数上看明显偏低，提升速度也明显小于约束型承载体和受载体承载力指数，可见可变型承载体承载力越来越成为限制酒嘉玉城市群综合承载力提升的关键短板，未来酒嘉玉城市群需重点提升其公共服务和基础设施的供应能力。

5.3.4.4 银川平原城市群

2011～2017 年，银川平原城市群的约束型承载体承载力指数依次为 0.5785、0.6035、0.6135、0.6166、0.6120、0.6302、0.6495，年均增速为 1.95%；可变型承载体承载力指数依次为 0.5206、0.4913、0.4973、0.5417、0.5435、0.5944、0.5815，年均增速为 1.86%；受载体承载力指数依次为 0.3464、0.3358、0.3561、0.3689、0.4194、0.3847、0.3949，年均增速为 2.21%。可以发现，2011～2017 年，银川平原城市群受载体承载力指数明显低于约束型承载体承载力指数和可变型承载体承载力指数。从承载力指数的变动情况来看，7 年间，银川平原城市群的受载体承载力指数年均增速大于约束型和可变型承载体承载力指数。上述事实表明，受载体承载力较差是制约银川平原城市群综合承载力提升的短板，但短板效应有所缓解。

5.3.4.5　天山北坡城市群

2011～2017 年，天山北坡城市群的约束型承载体承载力指数依次为 0.5749、0.5985、0.6128、0.6205、0.6202、0.6245、0.6242，年均增速为 1.38%；可变型承载体承载力指数依次为 0.4686、0.5049、0.5120、0.5012、0.5091、0.5279、0.5046，年均增速为 1.24%；受载体承载力指数依次为 0.3475、0.3548、0.3763、0.3911、0.4511、0.4554、0.4835，年均增速为 5.66%。可以看出，2011～2017 年，天山北坡城市群的受载体承载力指数明显低于约束型承载体承载力指数和可变型承载体承载力指数，受载体承载力较差亦是天山北坡城市群综合承载力提升的短板所在，但是从承载力指数的变动情况来看，受载体承载力指数的年均增速远大于约束型和可变型承载体承载力指数，说明作为丝绸之路经济带核心区的主要载体，天山北坡城市群进入经济增长快车道，使得受载体承载力状况明显好转。

综上所述，受载体承载力指数较低是西北地区 5 个城市群综合承载力提升的共同短板，西北地区城市群的约束型承载体承载状况较好，可以成为区际合作和“丝绸之路经济带”建设过程中的重点投资区域。西北地区城市群必须牢牢把握共建“丝绸之路经济带”的历史机遇，积极承接东中部发达省区产业转移，努力提升城市群经济发展水平，不断促进城市群产业结构转型升级，有效控制人口自然增长率，逐渐缓解受载体承载力较差对城市群综合承载力的限制。此外，西北地区 5 个城市群，尤其是酒嘉玉城市群，其可变型承载体承载力指数也明显低于约束型承载体承载力指数，可变型承载体承载力对于城市群综合承载力的制约也比较明显，西北地区城市群有必要继续加大公共服务和基础设施投入力度，促进城市群综合承载力有效提升。

5.4 中国西北地区城市群综合承载力的制约因素分析

5.4.1 中国西北地区城市群子要素承载力测算结果

依据前文的理论分析与指标体系构建，城市群子要素承载力包括水资源承载力、土地资源承载力、能源承载力、环境承载力、基础设施承载力、公共服务承载力、人口承载力和经济承载力8个具体方面，其中水资源承载力、土地资源承载力和能源承载力属于资源承载力范畴。从理论上讲，这些子要素承载力既是综合承载力的构成要素，又是综合承载力状况的影响因素，其中任何一个子要素承载力的大小状况，都会影响综合承载力的状态，因此，依据对城市群的各个子要素承载力进行比较分析，即可诊断出相关城市群综合承载力的制约因素。

为此，本章继续沿用集对分析法对西北地区各个城市群的各个子要素承载力进行测算。为便于分析各子要素承载力的变动情况，测算了各个城市群各子要素承载力指数2011~2017年的年均变化率。另外，为便于判断哪些子要素承载力成为西北地区城市群综合承载力的制约因素，以及分别分析各个城市群综合承载力的制约因素，测算了2017年西北地区各个城市群的各个子要素承载力指数。具体结果如表5-6、表5-7所示。

表5-6 2011~2017年西北地区城市群子要素承载力指数年均变化率

单位：%

城市群	水资源	土地资源	能源	环境	基础设施	公共服务	人口	经济
关中—天水	3.44	2.13	0.82	1.10	5.61	0.01	5.33	1.08
兰白西	5.68	3.04	3.72	2.91	2.63	1.59	-0.84	1.01
酒嘉玉	1.13	0.14	-0.95	2.45	-0.19	0.45	2.18	0.45

续表

城市群	水资源	土地资源	能源	环境	基础设施	公共服务	人口	经济
银川平原	1.72	1.12	0.90	3.06	5.56	0.21	5.79	-0.21
天山北坡	1.37	4.34	-0.55	1.27	2.49	0.38	5.66	3.34
平均值	1.78	2.73	0.25	2.04	4.11	1.90	3.02	0.88

表 5-7　2017 年中国西北地区各城市群各子要素承载力指数

城市群	水资源	土地资源	能源	环境	基础设施	公共服务	人口	经济
关中—天水	0.4019	0.5973	0.8376	0.6545	0.5476	0.7122	0.3873	0.5766
兰白西	0.3941	0.5844	0.7730	0.5580	0.5105	0.6110	0.2862	0.7109
酒嘉玉	0.4923	0.6323	0.7739	0.6754	0.4493	0.4284	0.3516	0.5562
银川平原	0.3756	0.7488	0.6568	0.6531	0.5832	0.6366	0.2939	0.5163
天山北坡	0.4288	0.6985	0.7235	0.5984	0.6655	0.5056	0.3286	0.5968

5.4.2　中国西北地区城市群各子要素承载力的变动情况

由表 5-6 可知，2011～2017 年，中国西北地区各城市群各子要素承载力指数年均变化率大部分为正，且年均变化率为负的子要素承载力指数年均变化率的绝对值均较小，这说明：

（1）从总体上看，2011～2017 年，西北地区城市群综合承载力的各个方面均有所提升。

（2）从各子要素承载力指数的年均变化率及其平均值来看，各城市群基础设施承载力指数的年均增长率均较大，且平均值达 4.11%，远高于其他子要素承载力指数的年均增长率平均值。这种情况的主要原因在于，西部大开发和共建“丝绸之路经济带”国际区域合作倡议的双重背景下，国家进一步加大了对西北地区尤其是区内城市群基础设施建设的投资力度。

（3）各城市群人口承载力、环境承载力和土地资源承载力指数的年均增长率也较高，其平均值分别为 3.02%、2.73% 和 2.04%，仅次于基础设施承载力。

这种情况的主要原因在于，在加大基础设施建设的投资力度的同时，近年来西北地区城市群通过积极承接发达地区产业转移推动了产业结构转型升级，降低了经济活动对环境的负面影响、提高了土地资源的使用效率、增强了经济系统的就业创造能力，从而使得西北地区城市群人口承载力、环境承载力和土地资源承载力都有了较大幅度的提高。

（4）在其他子要素承载力方面，能源承载力和经济承载力年均变化率的平均值明显偏低，这说明相关城市群的经济发展方式没有得到根本性改变，经济增长的高能耗特征依然十分明显，仅仅依靠国家政策倾斜发展经济还远远不够，必须走内涵式发展道路，努力提高自身“造血能力”以摆脱“输血式”增长才是关键。

5.4.3 中国西北地区城市群综合承载力的制约因素判断

如表5-7所示，2017年，西北地区5个城市群的人口承载力指数的值域为[0.2862，0.3873]，水资源承载力指数的值域为[0.3756，0.4923]，土地资源、环境、基础设施、公共服务、经济等其他子要素承载力指数均在0.5以上，而能源承载力指数则均在0.65以上，因此，从整体上看，人口承载力和水资源承载力分别是西北地区城市群可持续发展的第一制约因素和第二制约因素，能源承载力则是西北地区城市群可持续发展的最大优势。

以上依据各个子要素承载力指数的值域，对西北地区城市群整体制约因素做出的判断结果，从实际来看，其原因可以解释分析如下：

（1）城市群是区域的增长极，经济基础较好、交通便利、区位优势明显，由于西北地区地处中国西部落后省区，区域发展以集聚效应为主，伴随着西部大开发战略以及城镇化的不断推进，周边地区人口不断向城市群集聚，使得西北地区相关城市群的人口密度迅速增大，与此同时，西北地区人口素质整体较低而人口自然增长率较高，使得西北地区城市群的人口承载力成为制约其综合承载力提升的第一障碍因素。

（2）西北地区城市群地处我国最典型的干旱半干旱地区，远离海洋，常年干旱少雨，水资源总量较少，加之受限于经济社会发展水平较低，其产业结构升级缓慢、技术水平较低导致水资源利用效率较低，使得水资源承载力成为制约西北地区城市群综合承载力提升的另一个主要障碍因素。

（3）西北地区是中国重要的能源基地，石油、煤、天然气等化学能源储量较大，风能、太阳能等清洁能源比较丰富，使得能源成为支撑西北地区城市群综合承载力提升的重要保障。

5.4.4　中国西北地区各个城市群综合承载力制约因素的具体分析

从上述分析可知，人口和水资源状况是西北地区 5 个城市群综合承载力提升的主要制约因素，能源状况则是西北地区城市群综合承载力提升的重要保障，是各城市群之间的共性。进一步地，依据表 5－7，从西北地区 5 个城市群各子要素承载力指数大小的相互比较来看，各城市群综合承载力提升的制约因素存在差异。

5.4.4.1　关中—天水城市群

2017 年，关中—天水城市群土地资源承载力指数为 0.5973，排在西北地区 5 个城市群的第四位，与排在末位的兰白西城市群十分接近；水资源、基础设施和经济承载力指数均位列第三；环境承载力位列第二；能源、公共服务和人口承载力排在第一位。这说明水资源、基础设施、经济、土地资源等子要素承载力较差，在一定程度上制约了关中—天水城市群综合承载力的提升。关中—天水城市群在西北地区 5 个城市群中地处最东，与我国东中部发达地区比较接近，经济总量虽然较大，但是，由于人口众多、土地资源稀缺，人均 GDP 和人均资源占有量有限，制约了关中—天水城市群基础设施、经济、土地资源承载力的进一步提升。

5.4.4.2　兰白西城市群

2017 年，兰白西城市群土地资源、环境、人口等子要素承载力指数在西北地区 5 个城市群中均排在末位；能源、水资源和基础设施承载力指数排在第四位，这说明水资源、土地资源、能源、环境等约束型承载体承载力和人口承载力较差对兰白西城市群综合承载力提升的阻碍作用较大。兰白西城市群的第二产业规模较大而产业内结构又比较低端、第三产业发展尤其是现代服务业发展缓慢，对兰白西城市群的资源环境系统形成了较大的承载压力。兰白西城市群内包含兰州和西宁两大省会城市，是西北地区唯一一个包含两大省会城市的城市群。由于兰州和西宁集中了甘肃和青海两省大量的优质资源，两省的人口不断向两大核心城市聚集，加上另一个中心城市白银属于典型的资源型城市，加剧了兰白西城市群的水资源、土地资源、能源、环境等子要素的承载压力，阻碍了兰白西城市群综合承载力的进一步提升。

5.4.4.3 酒嘉玉城市群

2017 年，酒嘉玉城市群基础设施和公共服务承载力指数在西北地区 5 个城市群中排在末位，这说明公共服务和基础设施承载力较差对酒嘉玉城市群综合承载力提升的阻碍作用较大。经济承载力指数排在第四位，土地资源承载力指数虽排在西北地区 5 个城市群的第三位，但与排名第一的银川平原城市群差距较大，与排名倒数第二的关中—天水城市群基本相当，这说明土地资源和人口承载力较差也在一定程度上制约了酒嘉玉城市群的健康发展。酒嘉玉城市群是位于西北地区规模最小的城市群，尚处于城市群发展的雏形阶段。从各子要素承载力指数平均值来看，酒嘉玉城市群是西北地区 5 个城市群中最协调的城市群，各子要素承载力之间差距最小，可以成为未来城市群建设中的重点投资区域，当务之急是加大公共服务和基础设施投入力度，改善自身投融资环境，以提升酒嘉玉城市群的综合承载力。

5.4.4.4 银川平原城市群

2017 年，银川平原城市群的水资源、能源、经济等子要素承载力指数排在西北地区 5 个城市群的末位，与排在首位的城市群差距均比较大；人口承载力指数排在西北地区 5 个城市群的第四位，且与排在末位的兰白西城市群很接近，这说明银川平原城市群在水资源、能源、人口、经济等子要素承载力方面存在诸多制约因素。银川平原城市群内资源型城市和重工业城市较多、人口密度较大、第三产业发展滞后，给区域内水资源、公共服务、能源形成了较大压力，不利于城市群综合承载力提升。

5.4.4.5　天山北坡城市群

2017 年，天山北坡城市群能源、环境和公共服务承载力指数排在西北地区 5 个城市群的第四位，这说明能源、环境和公共服务等子要素承载力是天山北坡城市群的主要制约因素。天山北坡城市群是新疆的经济、政治、文化中心和交通枢纽地带，周边地区人口不断向天山北坡城市群集中，造成人口密度较大。由于新疆具有典型的绿洲经济特征，各城市之间空间距离较远、公共服务很难得到共享，受限于自身经济实力，阜康、乌苏等城市的公共服务供给能力较弱，拉低了天山北坡城市群公共服务供给能力。此外，由于新疆能源储量较大、价格低廉，天山北坡城市群经济发展过于依赖能源，对能源形成了较大的需求压力。

5.5　本章小结

本章内容包括四个部分：

（1）对实证研究的数据来源情况做一说明，运用熵值法确定各项指标的权重，采用集对分析法对 2011 ~2017 年西北地区 5 个城市群的综合承载力指数进行了测算。

（2）运用测算结果对西北地区城市群综合承载力进行了纵向比较、横向比较分析，并对各城市群综合承载力提升速度进行了比较分析。结果表明：

第一，西北地区城市群整体及各个城市群的综合承载力均有所提升，但承载力现状不容乐观，5 个城市群综合承载力指数的平均值仅为 0.5727。

第二，横向比较发现，西北地区 5 个城市群的综合承载力存在明显差距，关中—天水城市群综合承载力明显高于其他 4 个城市群，酒嘉玉和兰白西城市群综合承载力最差。

第三，西北地区 5 个城市群中，综合承载力指数年均增速排序为：兰白西城

市群 > 天山北坡城市群 > 银川平原城市群 > 关中—天水城市群 > 酒嘉玉城市群。增速上的差异与城市群外部环境及其发展阶段有关。

（3）沿用集对分析法测算西北地区各个城市群的约束型承载体、可变型承载体和受载体的承载力指数，从指标体系准则层角度进行比较分析，诊断各城市群综合承载力提升的短板所在。结果表明：

第一，西北地区 5 个城市群约束型承载体承载力水平不断提高，承载状况持续向好。5 个城市群的约束型承载体承载状况可分为三个梯队，即：酒嘉玉第一梯度，兰白西第三梯队，其他第二梯队。

第二，西北地区 5 个城市群可变型承载体承载力亦不断增强。5 个城市群的可变型承载体承载状况可分为三种类型，即：关中—天水第一类型，酒嘉玉第三类型，其他第二类型。

第三，西北地区 5 个城市群的受载体承载力均不断增强，产业经济效益和就业吸纳能力提升。5 个城市群的受载体承载状况可分为四种类型，即：兰白西第一类型，关中—天水和酒嘉玉第二类型，天山北坡第三类型，银川平原第四类型。与约束型承载体和可变型承载体相比，5 个城市群的受载体承载力指数明显偏低。

第四，比较分析 3 个准则层承载力指数大小，判断各城市群综合承载力提升的短板所在，5 个城市群各有差异。受载体承载力指数较低是 5 个城市群的共同短板，约束型承载体的整体承载状况较好，西北地区城市群可以成为重点投资区域。

（4）依据城市群各个子要素承载力的比较分析，诊断其综合承载力的制约因素。结果表明：

第一，各城市群各子要素承载力指数年均变化率大部分为正，说明综合承载力的多个方面得到提升：基础设施承载力指数的年均增长率最高，人口、环境和土地承载力次之，而能源和经济承载力没有根本性改变。

第二，依据城市群各项子要素承载力指数的值域范围，研究判断人口承载力和水资源承载力是西北地区城市群可持续发展的第一和第二制约因素，能源承载力则是西北地区城市群可持续发展的最大优势。

第三，比较分析西北地区 5 个城市群的各子要素承载力指数，各城市群综合承载力提升的制约因素存在差异：①关中—天水城市群的制约因素在于土地、水资源、基础设施以及经济承载力；②兰白西城市群的制约因素在于土地、水资源、能源、环境以及人口承载力；③酒嘉玉城市群的制约因素在于公共服务、基础设施、土地资源、人口以及经济承载力；④银川平原城市群的制约因素在于水资源、能源、人口以及经济承载力；⑤天山北坡城市群的制约因素在于能源、环境以及公共服务承载力。

第6章　中国西北地区城市群城市综合承载力的测算与比较

各个城市群都是由若干大小不等的城市所组成的，每个群内城市自身也有其综合承载力。如果说城市群综合承载力是一个复杂系统，那么群内每个城市的综合承载力就是一个个子系统，各个子系统相互依存、相互作用、相互制约、相互影响，共同构成了城市群综合承载力的复杂系统。第5章是以中国西北地区5个城市群作为研究对象，分析各个城市群的综合承载力状况，在此基础上，本章将深入城市群内部，比较分析各个群内城市的综合承载力状况。

6.1　群内城市综合承载力指数的测算与分析

6.1.1　测算结果

针对中国西北地区各个城市群群内城市综合承载力的测算，运用的数据来源以及各项指标权重的确定，在第5章5.1节中已做交代。继续沿用集对分析法，对西北地区5个城市群群内32个城市2011～2017年的综合承载力指数进行测算，为便于分析各个城市综合承载力的变动情况，测算出综合承载力的年平均值及年均增长率，具体结果如表6－1所示，表中各个城市的列示顺序按照城区人口规模由大到小排列。

6.1.2 群内城市综合承载力的变动趋势

表6-1是西北地区城市群群内32个城市的综合承载力指数测算结果，如表6-1所示，2011~2017年，除了酒泉、石河子、商洛3个城市的综合承载力指数略有下降以外，城市群内其他29个城市均不同程度地有所提升，并且各个年份群内32个城市综合承载力指数的平均值也由2011年的0.5207上升至2017年的0.5823，这说明2011~2017年，西北地区城市群群内城市综合承载力状态整体上处于上升趋势，进而也说明西北地区城市群的综合承载状况有所改善。

表6-1 中国西北地区城市群群内32个城市的综合承载力指数测算结果

城市	2011年	2012年	2013年	2014年	2015年	2016年	2017年	年均增速（%）	城区人口（万人）
西安	0.6291	0.6355	0.6289	0.6446	0.6606	0.6672	0.6698	1.05	493.86
乌鲁木齐	0.4444	0.4565	0.4705	0.4673	0.5288	0.5361	0.5429	3.40	294.94
兰州	0.4356	0.4903	0.5045	0.5110	0.5405	0.5605	0.5833	4.99	252.64
银川	0.6054	0.5852	0.5812	0.5966	0.6086	0.6030	0.6183	0.35	157.13
西宁	0.5163	0.5736	0.5408	0.5701	0.5753	0.5830	0.5983	2.49	132.75
咸阳	0.5603	0.5848	0.5952	0.5931	0.6146	0.6427	0.6586	2.73	101.88
宝鸡	0.6108	0.6210	0.6314	0.6352	0.6187	0.6392	0.6570	1.22	87.36
天水	0.4770	0.4996	0.5231	0.5322	0.5436	0.5500	0.5438	2.21	69.61
渭南	0.5747	0.5737	0.5676	0.6157	0.6212	0.6290	0.6454	1.95	54.72
白银	0.4711	0.4995	0.5166	0.5221	0.5107	0.5292	0.5622	2.99	44.23
克拉玛依	0.5099	0.5287	0.5710	0.5741	0.5936	0.5981	0.6009	2.78	42.14
石嘴山	0.5193	0.5219	0.5400	0.5522	0.5480	0.5741	0.5798	1.86	41.95
铜川	0.5845	0.5895	0.6046	0.6193	0.6289	0.6272	0.6222	1.05	41.81
酒泉	0.4784	0.4430	0.4826	0.5188	0.4941	0.4569	0.4730	-0.19	38.88
昌吉	0.5439	0.5626	0.5695	0.5422	0.5621	0.5820	0.5696	0.77	34.08
石河子	0.5064	0.5197	0.5210	0.5226	0.5156	0.5271	0.4903	-0.54	33.82
吴忠	0.4519	0.4609	0.4778	0.4895	0.5071	0.5272	0.5196	2.35	27.74
商洛	0.5644	0.5386	0.5574	0.5487	0.5509	0.5304	0.5458	-0.56	24.23
临夏	0.4397	0.4658	0.4671	0.5143	0.4797	0.4871	0.5254	3.01	24.13
嘉峪关	0.5268	0.5337	0.5274	0.5210	0.5529	0.5449	0.5359	0.29	21.83

续表

城市	2011 年	2012 年	2013 年	2014 年	2015 年	2016 年	2017 年	年均增速（%）	城区人口（万人）
兴平	0.5256	0.5210	0.5648	0.5714	0.5739	0.5783	0.5848	1.80	21.59
定西	0.5308	0.5590	0.5656	0.5658	0.5898	0.5751	0.5694	1.18	20.89
奎屯	0.4622	0.5092	0.5272	0.5484	0.5663	0.5808	0.5837	3.97	20.14
中卫	0.4804	0.5070	0.5022	0.5424	0.5445	0.5513	0.5694	2.87	18.81
韩城	0.5986	0.6118	0.6439	0.6704	0.6716	0.6797	0.6891	2.37	17.18
青铜峡	0.4639	0.4463	0.4635	0.4920	0.5143	0.5730	0.5616	3.24	14.24
敦煌	0.4710	0.4914	0.5486	0.5735	0.5467	0.5538	0.5485	2.57	11.68
华阴	0.5228	0.5760	0.6187	0.6234	0.6138	0.6177	0.6397	3.42	11.67
阜康	0.5568	0.5811	0.5777	0.5800	0.5866	0.5959	0.5981	1.20	11.04
乌苏	0.4924	0.5196	0.5329	0.5571	0.5544	0.5538	0.5641	2.29	10.09
玉门	0.5027	0.5385	0.5619	0.6228	0.5743	0.5778	0.5372	1.11	7.56
灵武	0.6066	0.6087	0.6311	0.6273	0.6326	0.6344	0.6455	1.04	7.51
平均值	0.5207	0.5361	0.5505	0.5645	0.5695	0.5771	0.5823	—	—

从 2011 ~2017 年城市综合承载力的年均增长率来看，西北地区城市群 32 个群内城市承载力状态向好发展的速度存在较大差异，其中，年均增长率最高的是兰州市，其综合承载力指数从 2011 年的 0.4356 增长到 2017 年的 0.5833，年均增长率为 4.99%，增长状况最糟糕的是商洛市，其综合承载力指数从 2011 年的 0.5644 下降到 2017 年的 0.5458，年均增长率为 -0.56%。

按照年均增长速度将 32 个城市进行分类，大体情况如下：①增长最快的一组城市，年均增长率 >2.50%，分别是兰州、奎屯、华阴、乌鲁木齐、青铜峡、临夏、白银、中卫、克拉玛依、咸阳、敦煌 11 个城市；②增长较快的一组城市，年均增长率在 1.50% ~2.49% 之间，分别是西宁、韩城、吴忠、乌苏、天水、渭南、石嘴山、兴平 8 个城市；③增长较慢的一组城市，年均增长率在 0.50% ~1.49% 之间，分别是宝鸡、阜康、定西、玉门、西安、铜川、灵武、昌吉 8 个城市；④增长最慢甚至负增长的一组城市，年均增长率 <0.49%，分别是银川、嘉峪关、酒泉、石河子、商洛 5 个城市，其中，酒泉、石河子、商洛 3 个城市出现负增长，增长率分别为 -0.19%、-0.54%、-0.56%。

6.1.3 群内城市综合承载力的整体水平

上文分析结果表明，2011～2017年中国西北地区城市群群内城市综合承载力状态整体上处于上升趋势。从承载力指数的测算结果来看，2017年各城市的综合承载力指数的值域范围为［0.4730，0.6891］，其平均值为0.5823。在2011～2017年的样本期间内，各城市的综合承载力指数的年平均值的值域范围为［0.4781，0.6522］，其平均值为0.5572，说明西北地区城市群群内的各城市综合承载力的绝对水平普遍较低，而且城市之间存在较大差距。2011～2017年，综合承载力指数平均值最高和最低的城市分别是韩城市和酒泉市，分别为0.6522和0.4781，二者相差0.1741。具体如表6－2所示。

表6－2 中国西北地区城市群群内各个城市综合承载力的整体水平情况

城市	平均值①	比值k	城市	平均值①	比值k	城市	平均值①	比值k
韩城	0.6522	1.170	西宁	0.5654	1.015	中卫	0.5281	0.948
西安	0.6480	1.163	定西	0.5651	1.014	天水	0.5242	0.941
宝鸡	0.6305	1.132	昌吉	0.5617	1.008	兰州	0.5179	0.929
灵武	0.6266	1.125	兴平	0.5600	1.005	白银	0.5159	0.926
铜川	0.6109	1.096	玉门	0.5593	1.004	石河子	0.5147	0.924
咸阳	0.607	1.089	商洛	0.5480	0.983	青铜峡	0.5021	0.901
渭南	0.6039	1.084	石嘴山	0.5479	0.983	乌鲁木齐	0.4924	0.884
华阴	0.6017	1.080	奎屯	0.5397	0.969	吴忠	0.4906	0.880
银川	0.5997	1.076	乌苏	0.5392	0.968	临夏	0.4827	0.866
阜康	0.5823	1.045	嘉峪关	0.5347	0.960	酒泉	0.4781	0.858
克拉玛依	0.5680	1.019	敦煌	0.5334	0.957	平均值②	0.5572	1.000

注：(1) 表中“平均值①”为2011～2017年各城市的综合承载力指数的年平均值；

(2)“平均值②”为各城市“平均值①”的平均值，即各城市“平均值①”之和÷32＝0.5572；

(3)“比值k”为各城市“平均值①”÷“平均值②”。

以各个城市2011～2017年的综合承载力指数平均值除以0.5572，得到的比值用k表示，我们以k值的大小对32个城市进行分类，大体情况如下：①综合承载力状态最好的一组城市，k＞1.05，分别是韩城、西安、宝鸡、灵武、铜川、咸阳、渭南、华阴、银川 9 个城市；②综合承载力状态中等的一组城市，0.95 < k≤1.05，分别是阜康、克拉玛依、西宁、定西、昌吉、兴平、玉门、商洛、石嘴山、奎屯、乌苏、嘉峪关、敦煌 13 个城市；③综合承载力状态最差的一组城市，k≤0.95，分别是中卫、天水、兰州、白银、石河子、青铜峡、乌鲁木齐、吴忠、临夏、酒泉 10 个城市。

6.1.4 群内城市综合承载力与城市人口规模的关系

如前文所述，表 6－1 中所列示各个城市的顺序是按照城市的城区人口规模由大到小排列的，那么，各个城市的综合承载力与其人口规模是否存在正相关或负相关关系，即城市规模越大则综合承载力指数越大或越小？从表 6－1 中的数据可以分析，城市综合承载力与城市规模之间不是简单的正相关或负相关关系。比如，一方面，在综合承载力状态最好的 9 个城市中，既有西安、银川、咸阳等人口规模超过 100 万的大城市，也有韩城、灵武、华阴等人口规模不足 20 万的小城市，其中，灵武市人口仅有 7.51 万人，但其综合承载力指数排名第 4（0.6266）。另一方面，在综合承载力状态最差的 10 个城市中，既有兰州、乌鲁木齐等人口规模超过 200 万的大城市，也有中卫、青铜峡等人口规模不足 20 万的小城市，其中，乌鲁木齐市人口达到 294.94 万人，但其综合承载力指数排名倒数第四（0.4924）。因此，城市综合承载力与城市规模之间不存在正、负相关关系。

6.2 基于供需比较的群内城市承载状态及其制约因素分析

6.2.1 综合承载力供给指数、需求指数与供需比的测算

根据前文“4.1.2 评价指标的选取”中所述，指标体系在领域层由供给和需

求两种属性的评价指标构成（见表4－1～表4－4）：

（1）供给类指标，是指承载体对受载体的支撑能力和受载体自身的有利因素给城市综合承载力提升带来的正向影响，比如，资源供给（D_2）中的人均水资源量、用水普及率、人均粮食产量、人均建成区面积、燃气普及率等具体指标，即表征资源作为承载体对于受载体人口与经济的支撑能力，而人口供给（D_{10}）中的城市辖区单位面积从业人员数、每万人拥有医生数等具体指标，即表征人口作为受载体其自身的有利因素给城市综合承载力提升提供的支持力。其他表示供给的领域层及其指标在此不一一赘述。

（2）需求类指标，是指受载体对承载体造成的压力和受载体自身的不利因素对城市综合承载力提升带来的负面影响。比如，资源需求（D_1）中的万元GDP用水量、人均日生活用水量、万元GDP用地面积、人均建设用地面积、万元GDP耗电量、人均用气量等具体指标，即表征受载体人口与经济对承载体（水、土地、矿产等资源）造成的压力，而人口需求（D_9）中的人口自然增长率、人口密度（指标属性均为负）等具体指标，即表征人口作为受载体其自身的不利因素给城市综合承载力提升带来的压力，即人口数量与密度的值过大会给城市综合承载力带来负面影响。其他表示需求的领域层及其指标在此不一一赘述。

沿用熵权法和集对分析法的计算过程，分别根据供给类指标和需求类指标，测算出2011～2017年西北地区城市群内32个城市综合承载力供给指数和需求指数，然后求供给指数与需求指数之比得到供需比R，分别如表6－3、表6－4和表6－5所示。其中，承载力供给指数越大，表示供给能力越强，即承载体对受载体的支撑能力和受载体自身对承载力的正向影响越强；相应地，承载力需求指数越小，说明需求类指标综合评价得分越低，则表示城市的需求压力越大，即受载体对承载体造成的压力和受载体自身对承载力的负面影响越强。

表 6－3　2011～2017 年西北地区城市群群内城市综合承载力的供给指数

城市	2011 年	2012 年	2013 年	2014 年	2015 年	2016 年	2017 年	平均值	年均增速（%）
西安	0.7568	0.7718	0.7833	0.7930	0.8076	0.8086	0.7680	0.7842	0.24
乌鲁木齐	0.5372	0.5502	0.5655	0.5525	0.6037	0.6099	0.6280	0.5782	2.64
兰州	0.5268	0.5847	0.6081	0.5947	0.6429	0.6625	0.6796	0.6142	4.33
西宁	0.5831	0.6736	0.6221	0.6738	0.6822	0.6849	0.7039	0.6605	3.19
银川	0.6935	0.6765	0.6836	0.6912	0.7100	0.6954	0.7122	0.6946	0.45
咸阳	0.6472	0.6737	0.6841	0.6860	0.6576	0.6886	0.7265	0.6805	1.94
宝鸡	0.6679	0.6788	0.6911	0.7065	0.6866	0.7019	0.7138	0.6924	1.11
天水	0.5116	0.5344	0.5643	0.5784	0.5890	0.5977	0.5818	0.5653	2.16
石嘴山	0.6166	0.6075	0.6172	0.6405	0.6495	0.6505	0.6682	0.6357	1.35
渭南	0.6331	0.6207	0.6093	0.6922	0.7000	0.7047	0.7087	0.6669	1.90
铜川	0.6204	0.6264	0.6401	0.6577	0.6738	0.6745	0.6703	0.6519	1.30
白银	0.5363	0.5681	0.5914	0.6107	0.5851	0.5868	0.6136	0.5845	2.27
克拉玛依	0.5251	0.5721	0.6393	0.6436	0.6812	0.6784	0.6780	0.6311	4.35
石河子	0.6085	0.6277	0.6201	0.6064	0.6054	0.6135	0.5799	0.6088	－0.80
酒泉	0.4733	0.4293	0.4835	0.5180	0.5212	0.4674	0.5142	0.4867	1.39
昌吉	0.5935	0.6338	0.6432	0.6028	0.6206	0.6414	0.6383	0.6248	1.22
临夏	0.4924	0.5253	0.5229	0.5917	0.5900	0.5945	0.6406	0.5653	4.48
吴忠	0.5420	0.5462	0.5719	0.5875	0.5873	0.5985	0.5849	0.5740	1.28
中卫	0.5024	0.5547	0.5640	0.6179	0.6168	0.6298	0.6388	0.5892	4.09
兴平	0.5425	0.5216	0.5757	0.5888	0.5884	0.5862	0.5900	0.5705	1.41
定西	0.4746	0.5357	0.5778	0.5802	0.5828	0.5796	0.5736	0.5578	3.21
嘉峪关	0.6135	0.6255	0.6393	0.6345	0.6715	0.6497	0.6026	0.6338	－0.30
韩城	0.6303	0.6400	0.6676	0.7058	0.7151	0.7254	0.7334	0.6882	2.56
商洛	0.5636	0.5323	0.5481	0.5374	0.5500	0.5285	0.5465	0.5438	－0.51
奎屯	0.5309	0.5901	0.6190	0.6618	0.6873	0.6868	0.6801	0.6366	4.21
青铜峡	0.5966	0.5388	0.5762	0.6190	0.6731	0.6882	0.6449	0.6195	1.31
华阴	0.5106	0.5627	0.6353	0.6512	0.6552	0.6674	0.6895	0.6245	5.13
敦煌	0.4917	0.5057	0.5930	0.6084	0.6022	0.6075	0.6269	0.5765	4.13
乌苏	0.4988	0.5091	0.5284	0.5661	0.5836	0.6014	0.6087	0.5566	3.37
阜康	0.5668	0.6136	0.6680	0.6693	0.6743	0.6822	0.6638	0.6483	2.67
玉门	0.4798	0.5262	0.5604	0.6528	0.6251	0.6239	0.5657	0.5763	2.78
灵武	0.6237	0.6224	0.6463	0.6676	0.6886	0.6896	0.7042	0.6632	2.04

表 6-4 2011~2017 年西北地区城市群群内城市综合承载力的需求指数

城市	2011 年	2012 年	2013 年	2014 年	2015 年	2016 年	2017 年	平均值	年均增速（%）
西安	0.3645	0.3496	0.3017	0.3237	0.3285	0.3704	0.4617	0.3571	4.02
乌鲁木齐	0.2743	0.2879	0.2951	0.3100	0.3833	0.3898	0.3773	0.3311	5.45
兰州	0.2730	0.3153	0.3225	0.3496	0.3488	0.3707	0.3989	0.3398	6.52
西宁	0.3870	0.3732	0.3883	0.3795	0.3808	0.4034	0.4137	0.3894	1.12
银川	0.4446	0.4227	0.3990	0.4246	0.4170	0.4289	0.4312	0.4240	-0.51
咸阳	0.3996	0.4167	0.4265	0.4124	0.5190	0.5493	0.5143	0.4625	4.29
宝鸡	0.4994	0.5035	0.5108	0.4868	0.4841	0.5161	0.5416	0.5060	1.36
天水	0.4181	0.4388	0.4505	0.4502	0.4641	0.4666	0.4747	0.4518	2.14
石嘴山	0.3273	0.3418	0.3740	0.3573	0.3286	0.4090	0.3739	0.3588	2.25
渭南	0.4631	0.4821	0.4817	0.4551	0.4551	0.4690	0.5113	0.4739	1.67
铜川	0.5220	0.5231	0.5422	0.5501	0.5470	0.5426	0.5320	0.5370	0.32
白银	0.3591	0.3757	0.3819	0.3659	0.3724	0.4197	0.4627	0.3911	4.32
克拉玛依	0.4751	0.4354	0.4334	0.4352	0.4299	0.4477	0.4516	0.4440	-0.84
石河子	0.3372	0.3380	0.3394	0.3706	0.3476	0.3643	0.3246	0.3460	-0.64
酒泉	0.4894	0.4740	0.4806	0.5204	0.4449	0.4363	0.3924	0.4626	-3.62
昌吉	0.4383	0.4164	0.4118	0.4219	0.4403	0.4591	0.4226	0.4301	-0.61
临夏	0.3485	0.3609	0.3619	0.3755	0.2945	0.3008	0.3216	0.3377	-1.33
吴忠	0.2863	0.3011	0.3044	0.3041	0.3609	0.3941	0.3949	0.3351	5.51
中卫	0.4402	0.4188	0.3928	0.3988	0.4078	0.4019	0.4355	0.4137	-0.18
兴平	0.4912	0.5197	0.5412	0.5334	0.5426	0.5617	0.5729	0.5375	2.60
定西	0.6132	0.5922	0.5469	0.5424	0.6009	0.5677	0.5623	0.5751	-1.43
嘉峪关	0.3553	0.3497	0.3136	0.3108	0.3157	0.3430	0.3922	0.3400	1.66
韩城	0.5392	0.5584	0.5945	0.5973	0.5829	0.5878	0.5979	0.5797	1.74
商洛	0.5658	0.5497	0.5733	0.5679	0.5526	0.5336	0.5444	0.5553	-0.64
奎屯	0.3300	0.3526	0.3537	0.3338	0.3218	0.3583	0.3779	0.3469	2.28
青铜峡	0.2539	0.2775	0.2666	0.2647	0.2443	0.3836	0.4179	0.3012	8.66
华阴	0.5469	0.6018	0.5865	0.5696	0.5319	0.5192	0.5384	0.5563	-0.26
敦煌	0.4260	0.4623	0.4569	0.5049	0.4461	0.4580	0.3977	0.4502	-1.14
乌苏	0.4783	0.5430	0.5426	0.5380	0.4932	0.4548	0.4673	0.5024	-0.39
阜康	0.5371	0.5176	0.3983	0.3958	0.4019	0.4173	0.4634	0.4473	-2.43
玉门	0.5510	0.5625	0.5647	0.5644	0.4762	0.4901	0.4840	0.5276	-2.14
灵武	0.5733	0.5842	0.6043	0.5492	0.5284	0.5327	0.5348	0.5581	-1.15

表 6-5　2011～2017 年西北地区城市群群内城市综合承载力的供需比（R）

城市	2011 年	2012 年	2013 年	2014 年	2015 年	2016 年	2017 年	平均值	年均增速（%）
西安	2.0764	2.2079	2.5965	2.4494	2.4587	2.1834	1.6635	2.2337	-3.63
乌鲁木齐	1.9582	1.9114	1.9161	1.7821	1.5750	1.5649	1.6645	1.7675	-2.67
兰州	1.9297	1.8545	1.8857	1.7011	1.8434	1.7869	1.7037	1.8150	-2.05
西宁	1.5068	1.8050	1.6020	1.7754	1.7914	1.6976	1.7014	1.6971	2.04
银川	1.5600	1.6002	1.7135	1.6280	1.7024	1.6215	1.6518	1.6396	0.96
咸阳	1.6196	1.6170	1.6037	1.6635	1.2671	1.2536	1.4125	1.4910	-2.25
宝鸡	1.3376	1.3482	1.3529	1.4512	1.4182	1.3599	1.3179	1.3694	-0.25
天水	1.2237	1.2180	1.2526	1.2847	1.2692	1.2811	1.2256	1.2507	0.03
石嘴山	1.8839	1.7775	1.6504	1.7925	1.9762	1.5902	1.7869	1.7797	-0.88
渭南	1.3671	1.2875	1.2650	1.5209	1.5380	1.5024	1.3860	1.4096	0.23
铜川	1.1884	1.1975	1.1804	1.1956	1.2318	1.2431	1.2600	1.2138	0.98
白银	1.4936	1.5119	1.5484	1.6689	1.5709	1.3982	1.3260	1.5026	-1.96
克拉玛依	1.1052	1.3140	1.4751	1.4789	1.5846	1.5154	1.5013	1.4249	5.24
石河子	1.8043	1.8571	1.8270	1.6363	1.7415	1.6842	1.7866	1.7624	-0.16
酒泉	0.9670	0.9057	1.0059	0.9953	1.1714	1.0715	1.3106	1.0611	5.20
昌吉	1.3543	1.5223	1.5620	1.4286	1.4094	1.3970	1.5105	1.4549	1.84
临夏	1.4129	1.4557	1.4451	1.5759	2.0036	1.9762	1.9922	1.6945	5.89
吴忠	1.8930	1.8140	1.8785	1.9322	1.6271	1.5186	1.4812	1.7349	-4.01
中卫	1.1414	1.3246	1.4357	1.5492	1.5125	1.5672	1.4670	1.4282	4.27
兴平	1.1045	1.0037	1.0639	1.1039	1.0844	1.0436	1.0298	1.0620	-1.16
定西	0.7740	0.9046	1.0564	1.0697	0.9700	1.0210	1.0202	0.9737	4.71
嘉峪关	1.7268	1.7886	2.0383	2.0416	2.1272	1.8941	1.5364	1.8790	-1.93
韩城	1.1691	1.1462	1.1229	1.1817	1.2267	1.2342	1.2267	1.1868	0.81
商洛	0.9960	0.9684	0.9560	0.9464	0.9953	0.9905	1.0037	0.9795	0.13
奎屯	1.6087	1.6736	1.7504	1.9827	2.1354	1.9165	1.7996	1.8381	1.89
青铜峡	2.3495	1.9415	2.1614	2.3385	2.7547	1.7940	1.5434	2.1261	-6.76
华阴	0.9336	0.9350	1.0831	1.1432	1.2319	1.2853	1.2806	1.1275	5.41
敦煌	1.1541	1.0939	1.2979	1.2051	1.3499	1.3266	1.5764	1.2863	5.33
乌苏	1.0430	0.9377	0.9739	1.0522	1.1833	1.3223	1.3026	1.1164	3.77
阜康	1.0554	1.1855	1.6771	1.6909	1.6777	1.6347	1.4326	1.4791	5.23
玉门	0.8709	0.9354	0.9923	1.1565	1.3127	1.2728	1.1688	1.1013	5.03
灵武	1.0878	1.0654	1.0696	1.2156	1.3031	1.2945	1.3168	1.1933	3.24

进而，当某一城市的供需比 R 大于 1 时，表明需求压力较大是城市综合承载力提升的主要制约因素，且供需比越大说明城市的供给和需求两方面力量越不平衡，需求压力大对城市可持续发展的限制程度越强。这一类型城市应该着重调整产业结构、转变经济增长方式、控制人口增长和加大节能减排力度；而当某一城市的供需比 R 小于 1 时，表明供给能力较弱是城市综合承载力提升的主要制约因素，且供需比越小说明城市的供给和需求两方面力量越不平衡，供给能力弱对城市可持续发展的限制程度越强。这一类型应合理承接东部产业转移、增强非农产业就业吸纳能力、加大环保和公共服务投入。

从上述 3 个表格中的数据大小来看，2011 ~ 2017 年，西北地区城市群群内 32 个城市的供给指数均大于 0.5，而需求指数方面，大部分城市小于 0.5，与此同时，从供需比 R 值来看，2011 ~ 2017 年，西北地区城市群内 32 个城市中，除酒泉、定西、商洛、华阴、乌苏、玉门 6 个城市存在供需比小于 1 的情况外，其他 26 个城市的供需比均大于 1，这说明供给能力较强是西北地区城市群内城市综合承载力提升的重要保障，而需求压力较大是西北地区城市群内城市持续发展的主要制约因素①。

6.2.2 承载状态分类标准及西北地区城市群内城市分类结果

为了进一步分析西北地区城市群内城市的承载状态，甄别城市综合承载力提升的主要制约因素，本书在参考其他学者研究思路与评价方法（吕斌、孙莉等，2008；邱鹏，2009）的基础上，结合研究对象实际，综合考虑表 6 - 5 中的供需比 R 值和平均值数据，设定了城市综合承载力的承载状态类型，即供给不足型（Ⅰ）、供需平衡型（Ⅱ）、需求轻度超载型（Ⅲ）、需求中度超载型（Ⅳ）、需求严重超载型（Ⅴ）5 种类型，分类标准依据 R 值大小确定（见表 6 - 6）。

① 需求指数越小，说明需求类指标综合评价得分越低，城市的需求压力越大。

表 6－6　城市综合承载力的承载状态分类标准

判断标准	城市承载状态类型	类型代码
R＜0.90	供给不足型	Ⅰ
0.90≤R≤1.10	供需平衡型	Ⅱ
1.10＜R＜1.50	需求轻度超载型	Ⅲ
1.50≤R＜2.00	需求中度超载型	Ⅳ
R≥2.00	需求严重超载型	Ⅴ

依据表 6－5 中的供需比（R）和表 6－6 分类标准，确定西北地区城市群内各个城市的承载状态类型。为了便于分析，将表 6－5 中同属一个城市群的城市归置在一起（见表 6－7），并以各城市承载状态类型平均值（见表 6－7）对各承载状态类型的城市数量进行统计（见表 6－8）。

表 6－7　2011～2017 年西北地区城市群内城市承载状态类型划分结果

城市群	城市	2011 年	2012 年	2013 年	2014 年	2015 年	2016 年	2017 年	平均值
关中—天水	西安	Ⅴ	Ⅴ	Ⅴ	Ⅴ	Ⅴ	Ⅴ	Ⅳ	Ⅴ
	铜川	Ⅲ	Ⅲ	Ⅲ	Ⅲ	Ⅲ	Ⅲ	Ⅲ	Ⅲ
	宝鸡	Ⅲ	Ⅲ	Ⅲ	Ⅲ	Ⅲ	Ⅲ	Ⅲ	Ⅲ
	咸阳	Ⅳ	Ⅳ	Ⅳ	Ⅳ	Ⅲ	Ⅲ	Ⅲ	Ⅲ
	兴平	Ⅲ	Ⅱ	Ⅱ	Ⅲ	Ⅱ	Ⅱ	Ⅱ	Ⅱ
	渭南	Ⅲ	Ⅲ	Ⅲ	Ⅳ	Ⅳ	Ⅳ	Ⅲ	Ⅲ
	韩城	Ⅲ	Ⅲ	Ⅲ	Ⅲ	Ⅲ	Ⅲ	Ⅲ	Ⅲ
	华阴	Ⅱ	Ⅱ	Ⅱ	Ⅲ	Ⅲ	Ⅲ	Ⅲ	Ⅲ
	商洛	Ⅱ	Ⅱ	Ⅱ	Ⅱ	Ⅱ	Ⅱ	Ⅱ	Ⅱ
	天水	Ⅲ	Ⅲ	Ⅲ	Ⅲ	Ⅲ	Ⅲ	Ⅲ	Ⅲ
兰白西	兰州	Ⅳ	Ⅳ	Ⅳ	Ⅳ	Ⅳ	Ⅳ	Ⅳ	Ⅳ
	白银	Ⅲ	Ⅳ	Ⅳ	Ⅳ	Ⅳ	Ⅲ	Ⅲ	Ⅳ
	定西	Ⅰ	Ⅱ	Ⅱ	Ⅱ	Ⅱ	Ⅱ	Ⅱ	Ⅱ
	临夏	Ⅲ	Ⅲ	Ⅲ	Ⅳ	Ⅴ	Ⅳ	Ⅳ	Ⅳ
	西宁	Ⅳ	Ⅳ	Ⅳ	Ⅳ	Ⅳ	Ⅳ	Ⅳ	Ⅳ

续表

城市群	城市	2011年	2012年	2013年	2014年	2015年	2016年	2017年	平均值
酒嘉玉	嘉峪关	Ⅳ	Ⅳ	Ⅴ	Ⅴ	Ⅴ	Ⅳ	Ⅳ	Ⅳ
	酒泉	Ⅱ	Ⅱ	Ⅱ	Ⅱ	Ⅲ	Ⅱ	Ⅲ	Ⅱ
	玉门	Ⅰ	Ⅱ	Ⅱ	Ⅲ	Ⅲ	Ⅲ	Ⅲ	Ⅲ
	敦煌	Ⅲ	Ⅱ	Ⅲ	Ⅲ	Ⅲ	Ⅲ	Ⅳ	Ⅲ
银川平原	银川	Ⅳ	Ⅳ	Ⅳ	Ⅳ	Ⅳ	Ⅳ	Ⅳ	Ⅳ
	灵武	Ⅱ	Ⅱ	Ⅱ	Ⅲ	Ⅲ	Ⅲ	Ⅲ	Ⅲ
	石嘴山	Ⅳ	Ⅳ	Ⅳ	Ⅳ	Ⅳ	Ⅳ	Ⅳ	Ⅳ
	吴忠	Ⅳ	Ⅳ	Ⅳ	Ⅳ	Ⅳ	Ⅳ	Ⅲ	Ⅳ
	青铜峡	Ⅴ	Ⅳ	Ⅴ	Ⅴ	Ⅴ	Ⅳ	Ⅳ	Ⅴ
	中卫	Ⅲ	Ⅲ	Ⅲ	Ⅳ	Ⅳ	Ⅳ	Ⅲ	Ⅲ
天山北坡	乌鲁木齐	Ⅳ	Ⅳ	Ⅳ	Ⅳ	Ⅳ	Ⅳ	Ⅳ	Ⅳ
	克拉玛依	Ⅲ	Ⅲ	Ⅲ	Ⅲ	Ⅳ	Ⅳ	Ⅳ	Ⅲ
	昌吉	Ⅲ	Ⅳ	Ⅳ	Ⅲ	Ⅲ	Ⅲ	Ⅳ	Ⅲ
	阜康	Ⅱ	Ⅲ	Ⅳ	Ⅳ	Ⅳ	Ⅳ	Ⅲ	Ⅲ
	奎屯	Ⅳ	Ⅳ	Ⅳ	Ⅳ	Ⅴ	Ⅳ	Ⅳ	Ⅳ
	乌苏	Ⅱ	Ⅱ	Ⅱ	Ⅱ	Ⅲ	Ⅲ	Ⅲ	Ⅲ
	石河子	Ⅳ	Ⅳ	Ⅳ	Ⅳ	Ⅳ	Ⅳ	Ⅳ	Ⅳ

表6-8 西北地区城市群内各承载状态类型的城市数量统计

城市群	类型Ⅰ	类型Ⅱ	类型Ⅲ	类型Ⅳ	类型Ⅴ
关中—天水	0	2	7	0	1
兰白西	0	1	0	4	0
酒嘉玉	0	1	2	1	0
银川平原	0	0	2	3	1
天山北坡	0	0	4	3	0
合计	0	4	15	11	2

6.2.3 城市群内城市承载状态及制约因素的整体分析

6.2.3.1 群内大部分城市属于需求超载型

从供需比R的平均值来判断，如表6-7所示，西北地区城市群内32个城市中，承载状态属于供给不足型（Ⅰ）、供需平衡型（Ⅱ）、需求轻度超载型（Ⅲ）、需求中度超载型（Ⅳ）、需求严重超载型（Ⅴ）的比例为0∶4∶15∶11∶2，可以看出，除了兴平、商洛、定西、酒泉4个城市属于供需平衡型的承载状态以外，其他城市均属于不同程度的需求超载型，其中，需求轻度超载型（Ⅲ）居多，共15个城市，有2个城市（西安和青铜峡）属于需求严重超载型（Ⅴ）。无供给不足型城市。

这种情况进一步说明随着西北地区城市群经济社会的加速发展，受载体（人口与经济）对承载体（资源与环境等）造成的压力越来越大，从而造成越来越多的城市的“需求超载”，因此，需求压力进一步加大是制约西北地区城市群综合承载力提升的重要原因。

6.2.3.2 供给指数、需求指数与供需比的动态变化情况

从供给指数、需求指数、供需比的动态变化来看，2011～2017年，在西北地区城市群内32个城市中：①供给指数年均增长率为正的城市有29个，仅石河子、嘉峪关、商洛的供给指数年均增长率为负，供给指数年均增长率为正的城市占比90.63%，其中，华阴的年均增速最快（5.13%），如表6－3所示；②需求指数年均增长率为正的城市有17个，银川、克拉玛依、石河子、酒泉、昌吉、临夏、中卫、定西、商洛、华阴、敦煌、乌苏、阜康、玉门、灵武15个城市需求指数的年均增长率为负，需求指数年均增长率为正的城市占比53.13%，其中，正增长最快的城市为青铜峡（8.66%），而负增长最快的城市为酒泉（－3.62%），如表6－4所示；③供需比年均增长率为正的城市有20个，西安、乌鲁木齐、兰州、咸阳、宝鸡、石嘴山、白银、石河子、吴忠、兴平、嘉峪关11个城市供需比年均增长率为负，供需比年均增速为正的城市占比62.50%。

6.2.3.3 城市承载状态类型的动态变化

从城市承载状态类型的动态变化来看，2011～2017年，供给不足型（Ⅰ）、供需平衡型（Ⅱ）、需求轻度超载型（Ⅲ）、需求中度超载型（Ⅳ）、需求严重超载型（Ⅴ）的比例依次为：2∶6∶12∶10∶2、0∶9∶9∶13∶1、0∶8∶9∶12∶3、0∶4∶11∶14∶3、0∶3∶12∶12∶5、0∶4∶12∶15∶1、0∶3∶15∶14∶0。上述数据说

明：西北地区城市群32个城市中，供给不足型（Ⅰ）城市数量明显减少，供需平衡型（Ⅱ）城市数量先上升后下降，需求超载型城市数量不断上升，其中需求轻度超载型（Ⅲ）城市和需求中度超载型（Ⅳ）城市个数波动上升，需求严重超载型（Ⅴ）数量先上升后下降。这说明7年来，西北地区城市群综合承载力的供给能力不断增强，需求压力也稍有缓解，但供给能力提升速度明显比需求压力缓解速度要快，需求压力较大越来越成为西北地区城市群城市综合承载力提升的主要制约因素。

6.2.3.4　承载力供需状态与城市规模的关系

城市规模对于城市发展的影响非常显著，一般而言，规模较大的城市其行政级别往往较高，经济社会资源亦往往首先向较大城市集中。那么，供给能力、需求压力、供需比是否随城市规模的变化而变化？接下来，分别以2011～2017年西北地区城市群内32个城市供给指数、需求指数、供需比3个指标的平均值为纵轴，以城区人口数量的对数值为横轴，做出相应的散点图（见图6－1～图6－3）。由图可知，西北地区城市群内城市的供给指数、供需比大致与城市规模呈正相关

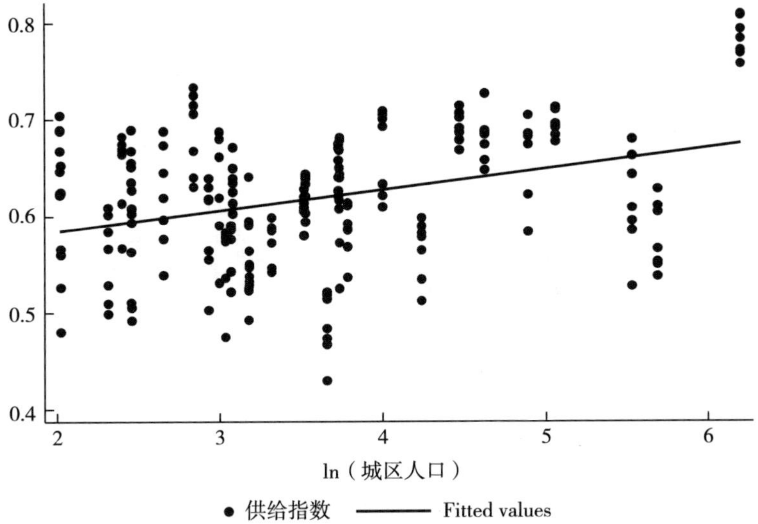

图6－1　供给指数散点图

关系，而需求指数大致与城市规模呈负相关关系。为了进一步验证供给能力、需求压力、供需比与城市规模之间对应关系的可信度，分别以供给指数、需求指数和供需比指数等指标的平均值为因变量，以城区人口的对数值为自变量进行 OLS 回归，估计结果如表 6－9 所示。

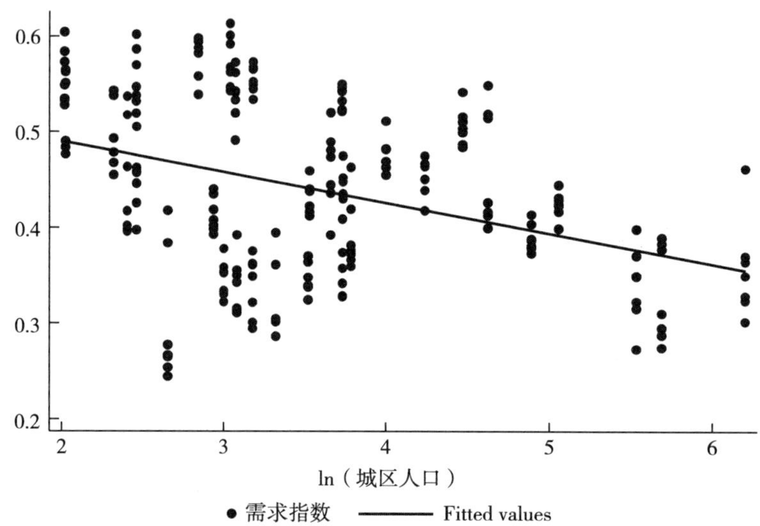

图 6－2　需求指数散点图

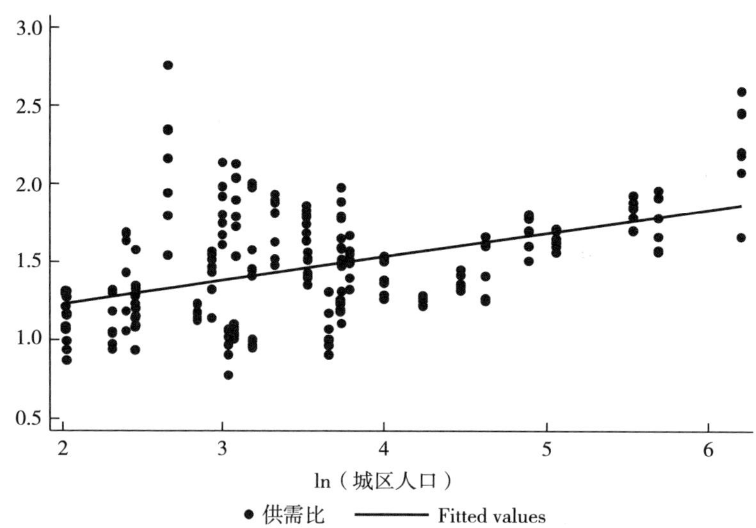

图 6－3　供需比散点图

如表6－9所示，西北地区城市群内城市的供给指数和供需比与城市规模呈显著的正相关关系，且在99%的置信度下显著，而需求指数与城市规模呈显著的负相关关系，且在99%的置信度下显著。这说明西北地区城市群可成为未来区际合作和“丝绸之路经济带”建设的重点投资区域。随着“丝绸之路经济带”建设的不断推进，西北地区城市群作为国内外各种资源聚集的热点区域，必须牢牢把握难得的历史机遇，积极承接东中部发达地区产业转移，努力提升区域自我发展能力，促进经济社会迅速发展。与此同时，由于西北地区城市群内大部分城市的需求压力较大而供给能力相对较强，加上西北地区生态环境极其脆弱，群内城市在发展经济的同时，更应该注重提升资源使用效率和保护生态环境。商洛、定西的供需比平均值小于1，供给能力较弱对于城市综合承载力提升的限制相对较大，其首要问题是如何努力提升区域供给能力、改善区域投融资环境，从而尽快发展经济，对于可以适当放宽缓解需求压力方面的要求。

表6－9 OLS回归估计结果

自变量	因变量	系数	标准差	p
Ln（城区人口数）	供给指数	0.0216***	0.0041	0.0000
	需求指数	－0.0320**	0.0053	0.0000
	供需比	0.1508***	0.0207	0.0000

注：*、**和***分别表示在90%、95%和99%的置信度下显著。

6.2.4 城市群内各个城市的承载状态及制约因素分析

以上是对西北地区城市群内城市承载状态及制约因素做了一个整体性分析，接下来深入西北地区的5个城市群之内，逐个对每个城市群内部各个城市进行供需比较分析，分析各个城市的承载状态及制约因素，进而探索西北地区各城市群的综合承载力提升策略。

6.2.4.1 关中—天水城市群内城市综合承载力的供需比较分析

为了更直观地对群内城市综合承载力进行供需比较分析，将 2011 ~ 2017 年关中—天水城市群内 10 个城市的供给指数、需求指数、供需比 3 个指标做表于此（见表6－10）。从群内城市供需比的平均值来判断（见表 6－7、表 6－8），关中—天水城市群 10 个城市中，供给不足型（Ⅰ）、供需平衡型（Ⅱ）、需求轻度超载型（Ⅲ）、需求中度超载型（Ⅳ）、需求严重超载型（Ⅴ）的比例为 0:2:7:0:1。其中，西安市属于需求严重超载型（Ⅴ）城市，兴平和商洛属于供需平衡型城市，而其他城市属于需求轻度超载型。

表 6－10 关中—天水城市群内城市综合承载力的供给指数、需求指数、供需比

城市	指标	2011 年	2012 年	2013 年	2014 年	2015 年	2016 年	2017 年	平均值
西安	供给指数	0.7568	0.7718	0.7833	0.7930	0.8076	0.8086	0.7680	0.7842
	需求指数	0.3645	0.3496	0.3017	0.3237	0.3285	0.3704	0.4617	0.3571
	供需比	2.0764	2.2079	2.5965	2.4494	2.4587	2.1834	1.6635	2.2337
铜川	供给指数	0.6204	0.6264	0.6401	0.6577	0.6738	0.6745	0.6703	0.6519
	需求指数	0.5220	0.5231	0.5422	0.5501	0.5470	0.5426	0.5320	0.5370
	供需比	1.1884	1.1975	1.1804	1.1956	1.2318	1.2431	1.2600	1.2138
宝鸡	供给指数	0.6679	0.6788	0.6911	0.7065	0.6866	0.7019	0.7138	0.6924
	需求指数	0.4994	0.5035	0.5108	0.4868	0.4841	0.5161	0.5416	0.5060
	供需比	1.3376	1.3482	1.3529	1.4512	1.4182	1.3599	1.3179	1.3694
咸阳	供给指数	0.6472	0.6737	0.6841	0.6860	0.6576	0.6886	0.7265	0.6805
	需求指数	0.3996	0.4167	0.4265	0.4124	0.5190	0.5493	0.5143	0.4625
	供需比	1.6196	1.6170	1.6037	1.6635	1.2671	1.2536	1.4125	1.4910
兴平	供给指数	0.5425	0.5216	0.5757	0.5888	0.5884	0.5862	0.5900	0.5705
	需求指数	0.4912	0.5197	0.5412	0.5334	0.5426	0.5617	0.5729	0.5375
	供需比	1.1045	1.0037	1.0639	1.1039	1.0844	1.0436	1.0298	1.0620
渭南	供给指数	0.6331	0.6207	0.6093	0.6922	0.7000	0.7047	0.7087	0.6669
	需求指数	0.4631	0.4821	0.4817	0.4551	0.4551	0.4690	0.5113	0.4739
	供需比	1.3671	1.2875	1.2650	1.5209	1.5380	1.5024	1.3860	1.4096
韩城	供给指数	0.6303	0.6400	0.6676	0.7058	0.7151	0.7254	0.7334	0.6882
	需求指数	0.5392	0.5584	0.5945	0.5973	0.5829	0.5878	0.5979	0.5797
	供需比	1.1691	1.1462	1.1229	1.1817	1.2267	1.2342	1.2267	1.1868

续表

城市	指标	2011年	2012年	2013年	2014年	2015年	2016年	2017年	平均值
华阴	供给指数	0.5106	0.5627	0.6353	0.6512	0.6552	0.6674	0.6895	0.6245
	需求指数	0.5469	0.6018	0.5865	0.5696	0.5319	0.5192	0.5384	0.5563
	供需比	0.9336	0.9350	1.0831	1.1432	1.2319	1.2853	1.2806	1.1275
商洛	供给指数	0.5636	0.5323	0.5481	0.5374	0.5500	0.5285	0.5465	0.5438
	需求指数	0.5658	0.5497	0.5733	0.5679	0.5526	0.5336	0.5444	0.5553
	供需比	0.9960	0.9684	0.9560	0.9464	0.9953	0.9905	1.0037	0.9795
天水	供给指数	0.5116	0.5344	0.5643	0.5784	0.5890	0.5977	0.5818	0.5653
	需求指数	0.4181	0.4388	0.4505	0.4502	0.4641	0.4666	0.4747	0.4518
	供需比	1.2237	1.2180	1.2526	1.2847	1.2692	1.2811	1.2256	1.2507

（1）西安。从2011～2017年群内城市的供给指数、需求指数、供需比及其平均值来看，西安的供给指数及其平均值均在0.75以上，在关中—天水城市群内10个城市中排在首位，明显高于群内其余城市，而需求指数及其平均值几乎均在0.4以下，在关中—天水城市群内10个城市中均排在末位，明显低于群内其他城市。西安是陕西省的省会城市、西北地区唯一的副省级城市和区域中心城市，是国务院批复确定的中国西部地区重要的中心城市、关中—天水城市群的核心城市，是关中地区的经济、文化、政治中心，人流、物流、资金流、信息流中心和交通枢纽，人口和经济资源的大量集中一方面提高了西安的供给能力，另一方面也增大了西安的需求压力。

（2）咸阳。咸阳的供给指数及其平均值的值域为［0.6472，0.7265］，除2014年供给指数排名第五外，在关中—天水城市群内10个城市中均位列第二或第三，仅略低于排名前两位的西安和宝鸡，而咸阳的需求指数和供需比平均值分别为0.4625、1.4910，分别排在关中—天水城市群内10个城市的倒数第二位和第二位。咸阳是西安的卫星城市，逐渐与西安融合，共同成为关中—天水城市群的新核心。如何有效提升西安的需求指数、降低西安和咸阳的需求压力，进而降低其供需比是进一步提升关中—天水城市群综合承载力的关键所在。

（3）兴平。兴平的供给指数及其平均值较低，而需求指数及其平均值较高，供给能力不足是制约其综合承载力提升的主要因素。兴平是咸阳市所属县级市，与西安和咸阳的距离均较近，未来兴平应该积极融入西咸一体化进程，逐步提升自身供给能力。

（4）宝鸡。宝鸡的供给指数及其平均值与咸阳比较接近，在关中—天水城市群内10个城市中排在前三位。宝鸡是关中—天水城市群的副中心城市，是西部制造业强市，沿陇海线与咸阳、西安等构成高新技术产业与装备制造业产业带，因而，其供给指数平均值较高。宝鸡地处陕西省西部，西与天水相邻，是天水融入关中—天水城市群的关键节点。由于宝鸡和天水与关中—天水城市群内其他城市相距较远，现阶段很难形成较为紧密的经济联系，进一步发展宝鸡、提升宝鸡的供给能力、巩固宝鸡的关中—天水城市群副中心城市地位，有利于推动天水进一步融入关中—天水城市群，拉动宝鸡和天水周边地区综合承载力提升。

（5）韩城。韩城的供给指数由2011年的0.6303增长为2017年的0.7334，年均增速在关中—天水城市群内10个城市中排名第一，达2.56%，相应地，供给指数和需求指数在关中—天水城市群内10个城市中的排名分别由2011年的第五位、第三位上升至2017年的第二位、第一位。韩城是陕西省辖县级市，2006年成为陕西省唯一一座以县级城市身份获得“中国优秀旅游城市”的城市，2017年入选全国质量强市示范城市、首批国家食品安全示范城市以及国家重大市政领域PPP创新工作重点城市，韩城还是我国规模最大的花椒生产基地，有“大红袍花椒之乡”的美誉，韩城连续多年跻身西部百强县（市）前列并连续五年入选“陕西县域经济社会发展十强县”。正是由于韩城较强的经济实力、合理的产业结构、宜人的自然环境，韩城在供给指数和需求指数均较高的情况下，供给能力得到进一步增强、需求压力得到有效缓解。

（6）铜川。铜川交通便利，与延安、渭南、咸阳3个地级市毗邻，是关中—天水城市群的重要组成部分，连接关中和陕北的纽带，是通往人文初祖黄帝陵及革命圣地延安的必经之路。铜川新区距西安市区68千米、距西安咸阳国际机场72千米，西安至黄陵高速公路穿境而过，咸铜、梅七两条支线与陇海大动脉相连。与此同时，铜川还是全国绿化模范城市、国家卫生城市。因而，铜川的供给指数和需求指数平均值均较高，分别为0.6519和0.5370，分别在关中—天水城市群内10个城市中排第六位和第五位。

（7）渭南。渭南位于八百里秦川最宽阔的地带，有“三秦要道，八省通衢”之称，是中原地区通往陕西乃至大西北的咽喉要道，又是新亚欧大陆桥的重要地段，是丝绸之路经济带起点段的关键组成部分，还是西北唯一一个拥有三大国家级经济区叠加政策（“关水经济区”“陕甘宁革命老区”“晋陕豫黄河金三角”）的地级市。受益于自身特殊的地理位置和国家政策的重视，渭南供给指数的年平均值较高，为0.6669，排在关中—天水城市群内10个城市的第五位，其年均增速也较高，达1.90%，排在第四位。然而，渭南的需求指数较低，不论是从需求指数平均值还是历年需求指数来看，渭南在关中—天水城市群内城市中的排名均比较靠后。需求压力较大是制约渭南综合承载力提升的关键因素。

（8）华阴。华阴的需求指数及其平均值较高，7年间始终排在前三位，而供给指数由2011年的0.5106增长为2017年的0.6895，年均增速达5.13%，远高于关中—天水城市群内其他城市。相应地，华阴的供需比由2014年的0.9336上升为2014年的1.2806，年均增速达5.41%，也是关中—天水城市群内城市最高的。华阴是渭南市所属县级市，是中国通往西北的必经之地。华阴的交通条件十分便利，郑西高速铁路、陇海铁路、西潼高速公路、310国道横贯东西，公路路网密度达90千米/百平方千米。依托于自身优越的交通条件，近年来，华阴的经济社会发展水平不断提高，供给能力显著提升。

（9）商洛。与关中—天水城市群内其他城市相比，商洛的需求指数及其平均值较高，供给指数及其平均值较低，且需求指数和供给指数均明显下降，相应地，其供需比在除2017年外的其余年份均小于1，表明商洛的综合承载力面临供给能力较弱和需求压力较大的双重挑战。商洛地处秦岭山地，受限于自身较差的区位条件和地形特征，商洛难以融入关中—天水城市群建设当中，改善自身的交通条件成为商洛进一步提升城市综合承载力的关键所在。

（10）天水。无论从供给指数还是需求指数方面看，天水的城市综合承载力水平均比较低。天水的供给指数及其平均值均排在关中—天水城市群内10个城市中的后两位，而需求指数及其平均值均排在末位，与关中—天水城市群内其他城市存在较大差距。从地理位置来看，天水地处关中—天水城市群最西端，离关中—天水城市群内其余城市，尤其是城市群核心城市西安较远。从政治背景来看，天水市是甘肃省的一个地级市，是关中—天水城市群内唯一不隶属于陕西省的城市。天水特殊的地理位置给天水融入关中—天水城市群形成了一层“天然屏障”，中国特殊的政治体制给天水融入关中—天水城市群人为地加上了一道“防火墙”，因而，天水成为关中—天水城市群内供给能力最弱、需求压力最大、综合承载力水平最低的城市。

6.2.4.2　兰白西城市群内城市综合承载力的供需比较分析

根据群内城市供需比的平均值判断，兰白西城市群5个城市中，供给不足型（Ⅰ）、供需平衡型（Ⅱ）、需求轻度超载型（Ⅲ）、需求中度超载型（Ⅳ）、需求严重超载型（Ⅴ）的比例为0∶1∶0∶4∶0。其中，供需平衡型（Ⅱ）城市为定西，其他4个城市均属于供需中度超载型（Ⅳ）。从2011～2017年群内城市的供给指数、需求指数、供需比及其平均值来看，除定西外，兰白西城市群内其余4个城市的需求指数几乎均在0.4以下，相对而言，在供给指数方面，兰白西城市群内城市较高，几乎均在0.5以上，导致供需比几乎均大于1。这说明需求压力过大是制约兰白西城市群综合承载力提升的关键因素。为了更直观地对群内城市综合承载力进行供需比较分析，将2011～2017年兰白西城市群内5个城市的供给指数、需求指数、供需比3个指标做表，如表6－11所示。

表6－11　兰白西城市群内城市综合承载力的供给指数、需求指数、供需比

城市	指标	2011年	2012年	2013年	2014年	2015年	2016年	2017年	平均值
兰州	供给指数	0.5268	0.5847	0.6081	0.5947	0.6429	0.6625	0.6796	0.6142
	需求指数	0.2730	0.3153	0.3225	0.3496	0.3488	0.3707	0.3989	0.3398
	供需比	1.9297	1.8545	1.8857	1.7011	1.8434	1.7869	1.7037	1.8150
白银	供给指数	0.5363	0.5681	0.5914	0.6107	0.5851	0.5868	0.6136	0.5845
	需求指数	0.3591	0.3757	0.3819	0.3659	0.3724	0.4197	0.4627	0.3911
	供需比	1.4936	1.5119	1.5484	1.6689	1.5709	1.3982	1.3260	1.5026

续表

城市	指标	2011 年	2012 年	2013 年	2014 年	2015 年	2016 年	2017 年	平均值
定西	供给指数	0.4746	0.5357	0.5778	0.5802	0.5828	0.5796	0.5736	0.5578
	需求指数	0.6132	0.5922	0.5469	0.5424	0.6009	0.5677	0.5623	0.5751
	供需比	0.7740	0.9046	1.0564	1.0697	0.9700	1.0210	1.0202	0.9737
临夏	供给指数	0.4924	0.5253	0.5229	0.5917	0.5900	0.5945	0.6406	0.5653
	需求指数	0.3485	0.3609	0.3619	0.3755	0.2945	0.3008	0.3216	0.3377
	供需比	1.4129	1.4557	1.4451	1.5759	2.0036	1.9762	1.9922	1.6945
西宁	供给指数	0.5831	0.6736	0.6221	0.6738	0.6822	0.6849	0.7039	0.6605
	需求指数	0.3870	0.3732	0.3883	0.3795	0.3808	0.4034	0.4137	0.3894
	供需比	1.5068	1.8050	1.6020	1.7754	1.7914	1.6976	1.7014	1.6971

（1）定西。定西的需求指数由2011年的0.6132下降为2017年的0.5623，年均下降1.43个百分点，供给指数由2011年的0.4746上升为2017年的0.5736，年均增速为3.21%，相应地，供需比由2011年的0.7740上升为2017年的1.0202，年均增速达4.71%。从2011~2017年供需比来看，定西由供给不足型（Ⅰ）城市逐渐转变为供需平衡型（Ⅱ）城市，而从供需比平均值来看，定西亦属于供需平衡型（Ⅱ）城市。从表面上看，2011~2017年，定西的供给能力不断提升，城市类型由供给不足型（Ⅰ）迅速变为供需平衡型（Ⅱ），其实现了均衡式发展。然而，定西的均衡式发展是以牺牲需求指数为前提的，其并未真正实现可持续健康发展。这一点也可以从定西的综合承载力指数方面得到验证：2011~2017年，定西的综合承载力指数由0.5308变为0.5694，年均增速仅1.18%。这说明城市增强供给能力不能以增加需求压力为代价，否则，城市综合承载力状况也不会得到明显改善。

（2）兰州。2011~2017年，兰州的需求指数和供需比平均值分别为0.3389和1.8105，在兰白西城市群内5个城市中分别排在倒数第二位和第一位，而供给指数平均值为0.6142，排在兰白西城市群内5个城市的第二位，且明显高于需求指数。兰州是甘肃省的省会城市和西北地区第三大城市，是中国西北地区重要的工业基地和综合交通枢纽，西部地区重要的中心城市之一和黄河上游最大的工业中心，也是丝绸之路经济带的重要节点城市。兰州为河谷型城市，废气不易扩散，众多的人口给兰州的资源供给和环境承载造成很大压力，地理条件使得大气污染更加严重，因而需求压力过大是制约兰州综合承载力提升的重要因素。

（3）西宁。西宁的供需比平均值为 1.6971，在兰白西城市群内 5 个城市中排在第二位，与兰州同属于需求中度超载型城市。西宁的供给指数、供需比分别由 2011 年的 0.5831、1.5068 上升为 2017 年的 0.7039、1.7014，年均增速分别达 3.19%、2.04%，相应地，需求指数由 0.3870 上升至 0.4137，年均增速为 1.12%（小于供给指数的年均增速）。兰白西城市群是典型的双核心城市群，兰州和西宁是其两个核心城市。其中，西宁是青海省的省会城市、青藏地区最大的中心城市和门户城市。与兰州类似，长期以来，青藏地区人口不断向西宁集中，给西宁经济社会发展提供了充足劳动力的同时，也给西宁的资源、环境、公共服务、基础设施造成了较大的承载压力，使得需求压力较大成为制约西宁综合承载力提升的关键因素。

（4）白银。白银是兰白西城市群内第三大城市，是典型的资源型城市，受限于资源型城市的产业结构特征，白银的需求指数较低、供给指数较高、供需比较大，需求压力过大严重制约了白银综合承载力的提升。

（5）临夏。定西和临夏是兰白西城市群内两个边缘城市，然而，二者的需求指数和供需比存在明显差距。定西是古代“丝绸之路”上的重镇，又是新欧亚大陆桥的必经之地，也是兰州市乃至兰白西城市群的东大门，素有“甘肃咽喉、兰州门户”之称，距兰州市仅 98 千米，东与关中—天水城市群毗邻。因而，定西的供给指数和需求指数均较高，且供给能力不断增强，供需平衡状态不断好转。临夏是兰白西城市群内唯一一个县级市，与兰白西城市群内各个城市的空间经济联系最弱，因而，其供给指数和需求指数均较小，综合承载力水平也较低。

6.2.4.3 酒嘉玉城市群内城市综合承载力的供需比较分析

从群内城市供需比的平均值来判断，酒嘉玉城市群 4 个城市中，供给不足型（Ⅰ）、供需平衡型（Ⅱ）、需求轻度超载型（Ⅲ）、需求中度超载型（Ⅳ）、需求严重超载型（Ⅴ）的比例为 0:1:2:1:0。其中，酒泉属于供需平衡型（Ⅰ），玉门、敦煌属于需求轻度超载型（Ⅲ），嘉峪关属于需求中度超载型（Ⅳ）。为了更直观地对群内城市综合承载力进行供需比较分析，将2011~2017年酒嘉玉城市群内4个城市的供给指数、需求指数、供需比3个指标做表，如表6-12所示。

表6-12 酒嘉玉城市群内城市综合承载力的供给指数、需求指数、供需比

城市	指标	2011年	2012年	2013年	2014年	2015年	2016年	2017年	平均值
嘉峪关	供给指数	0.6135	0.6255	0.6393	0.6345	0.6715	0.6497	0.6026	0.6338
	需求指数	0.3553	0.3497	0.3136	0.3108	0.3157	0.3430	0.3922	0.3400
	供需比	1.7268	1.7886	2.0383	2.0416	2.1272	1.8941	1.5364	1.8790
酒泉	供给指数	0.4733	0.4293	0.4835	0.5180	0.5212	0.4674	0.5142	0.4867
	需求指数	0.4894	0.4740	0.4806	0.5204	0.4449	0.4363	0.3924	0.4626
	供需比	0.9670	0.9057	1.0059	0.9953	1.1714	1.0715	1.3106	1.0611
玉门	供给指数	0.4798	0.5262	0.5604	0.6528	0.6251	0.6239	0.5657	0.5763
	需求指数	0.5510	0.5625	0.5647	0.5644	0.4762	0.4901	0.4840	0.5276
	供需比	0.8709	0.9354	0.9923	1.1565	1.3127	1.2728	1.1688	1.1013
敦煌	供给指数	0.4917	0.5057	0.5930	0.6084	0.6022	0.6075	0.6269	0.5765
	需求指数	0.4260	0.4623	0.4569	0.5049	0.4461	0.4580	0.3977	0.4502
	供需比	1.1541	1.0939	1.2979	1.2051	1.3499	1.3266	1.5764	1.2863

（1）嘉峪关。嘉峪关为典型的工业城市，第二产业占GDP比重位居酒嘉玉城市群乃至甘肃省首位。因而，嘉峪关的万元GDP耗电量、万元GDP用水量、人均用气量、人均日生活用水量等资源需求类指标，万元GDP工业二氧化硫排放量、万元GDP污水排放量、人均生活垃圾清运量等环境需求类指标，人均客运量、人均货运量、人均邮电业务总量、邮电业务强度等基础设施需求类指标均远高于中国西北地区5个城市群内的其他城市。相反，由于嘉峪关的工业基础雄厚，经济发展水平（人均GDP）较高，污水处理率、生活垃圾处理率、建城区绿化覆盖率、人均公园绿地面积等环境供给类指标，人均道路面积、公路网密度、每百人固定及移动电话用户数、每百人互联网接入用户数等基础设施供给类

指标较高。以上现实情况，最终反映在嘉峪关的供给指数、需求指数、供需比上，使得嘉峪关成为需求严重超载型（Ⅴ）城市。加上嘉峪关属温带大陆性荒漠气候，年均气温在6.7℃～7.7℃，年日照3000.2小时，自然降水量年平均85.3毫米，蒸发量2149毫米，导致嘉峪关水土资源匮乏、环境供给能力有限。如何缓解需求压力（尤其是资源环境需求压力）成为未来嘉峪关乃至酒嘉玉城市群综合承载力提升的重中之重。

（2）酒泉。酒泉是酒嘉玉城市群的第一大城市，与同属地级市的嘉峪关相比，酒泉市肃州区代管玉门市、敦煌市、金塔县、瓜州县、苏北县和阿克塞县等“两市四县”，酒泉市在甘肃省内14个城市中地域面积最大，占全省面积的42%，2017年，酒泉市的人口自然增长率为4.50%，是甘肃省人口自然增长率最低的地级市，人口密度全省也最小，由于人口稀少，资源使用的人均压力相对较小，人均耕地面积位列全省首位。周边地区较低的人口增长率、较丰富的土地资源成为推动酒泉市辖区经济社会发展的重要物质基础。因而，酒泉的供给指数和需求指数均比嘉峪关高，供需比也接近于1，属于供需平衡型城市。

（3）玉门。玉门是酒泉下辖县级市，玉门的矿产资源尤其是石油资源丰富，内有疏勒河、白杨河、石油河、小昌马河等贯穿其中。此外，玉门交通便利，境内连霍高速公路、312国道西安和兰新铁路复线横贯全境。正是丰富的自然资源和便利的交通条件，促进了玉门的经济社会发展，使得玉门的供给指数和需求指数均较高。

（4）敦煌。敦煌是酒泉下辖县级市，敦煌全市经济以农业为主，旅游服务业次之。敦煌因曾经辉煌且博大精深的文化内涵而闻名于世。因而，其供给指数和需求指数较高，处于供需平衡状态，城市综合承载状况较好。

6.2.4.4 银川平原城市群内城市综合承载力的供需比较分析

从群内城市供需比的平均值来判断，银川平原城市群6个城市中，供给不足型（Ⅰ）、供需平衡型（Ⅱ）、需求轻度超载型（Ⅲ）、需求中度超载型（Ⅳ）、需求严重超载型（Ⅴ）的比例为0∶0∶2∶3∶1。其中，青铜峡属于需求严重超载型（Ⅴ）城市，银川、石嘴山、吴忠属于需求中度超载型（Ⅳ）城市，灵武和中卫属于需求轻度超载型（Ⅲ）城市。为了更直观地对群内城市综合承载力进行供需比较分析，将 2011 ~ 2017 年银川平原城市群内 6 个城市的供给指数、需求指数、供需比 3 个指标做表，如表 6 – 13 所示。

表 6 – 13　银川平原城市群内城市综合承载力的供给指数、需求指数、供需比

城市	指标	2011 年	2012 年	2013 年	2014 年	2015 年	2016 年	2017 年	平均值
银川	供给指数	0.6935	0.6765	0.6836	0.6912	0.7100	0.6954	0.7122	0.6946
	需求指数	0.4446	0.4227	0.3990	0.4246	0.4170	0.4289	0.4312	0.4240
	供需比	1.5600	1.6002	1.7135	1.6280	1.7024	1.6215	1.6518	1.6396
灵武	供给指数	0.6237	0.6224	0.6463	0.6676	0.6886	0.6896	0.7042	0.6632
	需求指数	0.5733	0.5842	0.6043	0.5492	0.5284	0.5327	0.5348	0.5581
	供需比	1.0878	1.0654	1.0696	1.2156	1.3031	1.2945	1.3168	1.1933
石嘴山	供给指数	0.6166	0.6075	0.6172	0.6405	0.6495	0.6505	0.6682	0.6357
	需求指数	0.3273	0.3418	0.3740	0.3573	0.3286	0.4090	0.3739	0.3588
	供需比	1.8839	1.7775	1.6504	1.7925	1.9762	1.5902	1.7869	1.7797
吴忠	供给指数	0.5420	0.5462	0.5719	0.5875	0.5873	0.5985	0.5849	0.5740
	需求指数	0.2863	0.3011	0.3044	0.3041	0.3609	0.3941	0.3949	0.3351
	供需比	1.8930	1.8140	1.8785	1.9322	1.6271	1.5186	1.4812	1.7349
青铜峡	供给指数	0.5966	0.5388	0.5762	0.6190	0.6731	0.6882	0.6449	0.6195
	需求指数	0.2539	0.2775	0.2666	0.2647	0.2443	0.3836	0.4179	0.3012
	供需比	2.3495	1.9415	2.1614	2.3385	2.7547	1.7940	1.5434	2.1261
中卫	供给指数	0.5024	0.5547	0.5640	0.6179	0.6168	0.6298	0.6388	0.5892
	需求指数	0.4402	0.4188	0.3928	0.3988	0.4078	0.4019	0.4355	0.4137
	供需比	1.1414	1.3246	1.4357	1.5492	1.5125	1.5672	1.4670	1.4282

（1）青铜峡。青铜峡的供需比平均值为 2.1261，是中国西北地区城市群内供需比平均值第二高的城市，仅略低于西安。2011 ~ 2017 年，需求指数由 0.2539 上升至 0.4179，年均增速高达 8.66%，可以说青铜峡是银川平原城市群乃至中国西北地区城市群内需求压力最大的城市，尽管其需求压力已大大降低。青铜峡是宁夏回族自治区重要的工业基地，青铜峡的万元 GDP 用水量、万元

GDP 耗电量在中国西北地区城市群内 32 个城市中最大，万元 GDP 工业废气排放量仅次于韩城和石河子，排在第三位。资源消耗量较大、环境污染比较严重，造成青铜峡需求压力较大。其中，青铜峡的综合经济实力较强，因而其人均 GDP 较高，与经济发展水平密切相关的公共服务和基础设施供给能力也较强，因而其供给能力较强。

（2）银川。银川作为宁夏的首府，万元 GDP 耗电量、万元 GDP 污水排放量、人均生活垃圾清运量较大，人口较多，人口密度较大，因而，银川的需求压力较大。受人口数量较大的影响，银川的人均耕地、水资源量相对贫乏，然而，经济发展迅速，在银川平原城市群内所有城市中，第三产业占比最高而第一产业占比最低。与此同时，银川的污染治理力度较强，公共服务和基础设施供给能力也明显高于银川平原城市群内其余城市，导致银川的供给指数在银川平原城市群内排在首位。

（3）灵武。灵武资源较丰富，人口密度较小，第二产业发展迅猛，占到三次产业的 87.29%，导致万元 GDP 用水量、万元 GDP 耗电量、万元 GDP 用地、万元 GDP 工业二氧化硫排放量、万元 GDP 污水排放量等与 GDP 相关的资源、环境供给类指标数据较小。与此同时，灵武在发展经济的同时十分重视资源集约利用、环境治理与保护、改善公共服务和基础设施。因而，灵武的供给指数和需求指数均较大，是银川平原城市群内唯一的供需平衡型（Ⅰ）城市。

（4）石嘴山。石嘴山是宁夏回族自治区直属地级市、国家重要煤炭工业城市、宁夏能源重化工和原材料工业基地，号称“塞上煤城”，是宁夏典型的煤炭资源型工业城市，具有资源型城市供给能力较强、需求压力较大的基本特征。其第二产业比重较大，人均 GDP 较高、人口密度较大，资源消耗较高，万元 GDP 能耗、水耗为最多，工业废气、固废排放量较大。

（5）吴忠。吴忠位于引黄灌区的精华地段，日照充足，二三产业发展迅速。吴忠与石嘴山比较类似，是陕甘宁油田的核心部分，因而需求压力较大是制约吴忠综合承载力提升的关键因素。

（6）中卫。中卫位于宁夏中西部，黄河前套之首，水资源充足，人口密度较小，经济发展较快，被誉为“沙漠水城、花儿杞乡、休闲中卫”。境内风景名胜、文物古迹众多，已挖掘整理的近百处，如闻名遐迩的大麦地岩画，世界垄断性旅游资源、国家首批5A级景区沙坡头等。中卫正在打造全域旅游城市、国际云端城市、特色产业城市、物流枢纽城市、生态宜居城市。2011～2017年，中卫的供给指数由0.5024上升为0.6388，年均增速达4.09%，这说明中卫的供给能力得到了显著提升，然而，其需求指数呈下降趋势，需引起足够重视。

6.2.4.5　天山北坡城市群内城市综合承载力的供需比较分析

从群内城市供需比的平均值来判断，天山北坡城市群7个城市中供给不足型（Ⅰ）、供需平衡型（Ⅱ）、需求轻度超载型（Ⅲ）、需求中度超载型（Ⅳ）、需求严重超载型（Ⅴ）的比例为0:0:4:3:0。其中，克拉玛依、昌吉、阜康、乌苏属于需求轻度超载型（Ⅲ）城市，乌鲁木齐、奎屯、石河子属于需求中度超载型（Ⅳ）城市。为了更直观地对群内城市综合承载力进行供需比较分析，将2011～2017年天山北坡城市群内7个城市的供给指数、需求指数、供需比3个指标做表，如表6－14所示。

表6－14　天山北坡城市群内城市综合承载力的供给指数、需求指数、供需比

城市	指标	2011年	2012年	2013年	2014年	2015年	2016年	2017年	平均值
乌鲁木齐	供给指数	0.5372	0.5502	0.5655	0.5525	0.6037	0.6099	0.6280	0.5782
	需求指数	0.2743	0.2879	0.2951	0.3100	0.3833	0.3898	0.3773	0.3311
	供需比	1.9582	1.9114	1.9161	1.7821	1.5750	1.5649	1.6645	1.7675
克拉玛依	供给指数	0.5251	0.5721	0.6393	0.6436	0.6812	0.6784	0.6780	0.6311
	需求指数	0.4751	0.4354	0.4334	0.4352	0.4299	0.4477	0.4516	0.4440
	供需比	1.1052	1.3140	1.4751	1.4789	1.5846	1.5154	1.5013	1.4249
昌吉	供给指数	0.5935	0.6338	0.6432	0.6028	0.6206	0.6414	0.6383	0.6248
	需求指数	0.4383	0.4164	0.4118	0.4219	0.4403	0.4591	0.4226	0.4301
	供需比	1.3543	1.5223	1.5620	1.4286	1.4094	1.3970	1.5105	1.4549
阜康	供给指数	0.5668	0.6136	0.6680	0.6693	0.6743	0.6822	0.6638	0.6483
	需求指数	0.5371	0.5176	0.3983	0.3958	0.4019	0.4173	0.4634	0.4473
	供需比	1.0554	1.1855	1.6771	1.6909	1.6777	1.6347	1.4326	1.4791

续表

城市	指标	2011 年	2012 年	2013 年	2014 年	2015 年	2016 年	2017 年	平均值
奎屯	供给指数	0.5309	0.5901	0.6190	0.6618	0.6873	0.6868	0.6801	0.6366
	需求指数	0.3300	0.3526	0.3537	0.3338	0.3218	0.3583	0.3779	0.3469
	供需比	1.6087	1.6736	1.7504	1.9827	2.1354	1.9165	1.7996	1.8381
乌苏	供给指数	0.4988	0.5091	0.5284	0.5661	0.5836	0.6014	0.6087	0.5566
	需求指数	0.4783	0.5430	0.5426	0.5380	0.4932	0.4548	0.4673	0.5024
	供需比	1.0430	0.9377	0.9739	1.0522	1.1833	1.3223	1.3026	1.1164
石河子	供给指数	0.6085	0.6277	0.6201	0.6064	0.6054	0.6135	0.5799	0.6088
	需求指数	0.3372	0.3380	0.3394	0.3706	0.3476	0.3643	0.3246	0.3460
	供需比	1.8043	1.8571	1.8270	1.6363	1.7415	1.6842	1.7866	1.7624

（1）乌鲁木齐。乌鲁木齐是新疆首府，新疆的政治、经济、文化中心。长期以来，乌鲁木齐人口较多、人口密度较大，加上新疆典型的绿洲经济特点，给乌鲁木齐资源、环境、基础设施、公共服务系统造成了较大的需求压力。从各单项指标来看，人均用气量、人均生活垃圾清运量、中小学教师平均负担学生数、人均邮电业务总量、人口密度均排在天山北坡城市群内 7 个城市的首位，且远大于天山北坡城市群内其余城市，万元 GDP 用地、万元 GDP 耗电量、万元 GDP 污水排放量、邮电业务强度也一直处于天山北坡城市群内城市中的高水平，乌鲁木齐需求压力较大影响其综合承载力的提高。相反，凭借自身优越的区位条件、政治地位、经济基础，乌鲁木齐的供给指数高于需求指数，尤其是人口、经济、基础设施、公共服务等方面的总供给能力较强是乌鲁木齐综合承载力提升的重要保障。

（2）石河子。石河子是新疆生产建设兵团的城市，乌昌石城市群的核心城市之一，经济发展水平较高、工业基础和城市绿化较好、公共服务和基础设施条件较好，但是工业以能源、电力、重化工等为主，资源消耗、工业废气和污水排放强度较大，人均生活垃圾清运量也较大，导致石河子供给能力较强、需求压力较大，成为天山北坡城市群内供需比仅次于乌鲁木齐的城市。

（3）奎屯。奎屯是新疆主要农牧区和粮油棉基地，也是我国西北部一座新兴的工商业城市，农业用水较多、城区人口密度较大，因而需求指数较低，供需比指数较大。近年来，奎屯的工业发展较快，在提高了供给能力的同时，需求压力也不断增大，供需比上升较快，年均增幅达 1.89%。

（4）昌吉。昌吉市地理位置较好，位于天山北坡城市群的核心区域，受乌鲁木齐“半小时经济圈”的辐射带动作用，供给能力有所提升，需求压力也得到缓解，供需两方面实现了均衡发展。

（5）阜康。阜康是乌昌石城市群的边缘城市，是一座典型的资源型城市，随着“乌昌一体化”的不断推进和乌昌石城市群的不断发展，阜康凭借资源优势在供给能力方面取得了长足进步，但也由于过度依赖资源输出，导致需求压力迅速增大，需求指数年均增速达 2.67%，所属城市类型由 2011 年的供需平衡型（Ⅱ）迅速攀升至 2017 年的需求中度超载型（Ⅳ）。

（6）克拉玛依。作为典型的资源型城市，克拉玛依一直是天山北坡城市群内的高承载力城市。2017 年，克拉玛依的人均 GDP 达 179940 元，这主要得益于其丰富的石油石化产业的发展，其辖区内有 3 个特大型中央石油石化企业即新疆油田公司、克拉玛依石化公司、独山子石化公司，是我国重要的石油化工基地。克拉玛依具有资源型城市的共同特征：供给指数和供需比不断提升、需求指数不断下降。

（7）乌苏。乌苏是奎屯—克拉玛依—乌苏经济区的节点城市之一，其需求指数一直维持在 0.5 左右，为天山北坡城市群内需求指数最高的城市。因此，乌苏可以成为重要的产业承接地，应该抓住新一轮西部大开发和丝绸之路经济带建设的重要机遇期努力提高自身供给能力，进而促进综合承载力提升。

6.3　本章小结

本章内容包括两个部分：

（1）继续沿用集对分析法，对 2011 ~ 2017 年西北地区 5 个城市群群内 32 个城市的综合承载力指数进行测算，分析了群内城市综合承载力的变动趋势、整体水平及其与城市人口规模的关系。结果表明：①西北地区城市群群内城市综合承载力状态整体上处于上升趋势，承载状况有所改善；②群内各城市综合承载力的绝对水平普遍较低，城市之间存在较大差距；③城市综合承载力水平与其人口规模之间不存在正、负相关关系。

（2）根据供给类和需求类指标，沿用熵权法和集对分析法，测算出 2011 ~ 2017 年西北地区城市群内 32 个城市综合承载力的供给指数、需求指数和供需比，依据 3 个指标的值域大小、变动趋势，基于供需比较分析群内城市的承载状态，甄别城市综合承载力提升的主要制约因素。结果表明：

第一，西北地区城市群内 32 个城市中，分属于 5 种承载状态的城市数量比例为0∶4∶15∶11∶2，大部分城市属于需求超载型（Ⅲ、Ⅳ、Ⅴ），需求轻度和中度超载型（Ⅲ和Ⅳ）居多，需求压力大是制约西北地区城市群综合承载力提升的重要原因。

第二，西北地区城市群综合承载力的供给能力不断增强，需求压力也稍有缓解，但供给能力提升速度明显比需求压力缓解速度快，需求压力较大越来越成为城市综合承载力提升的主要制约因素。

第三，西北地区城市群内城市的供给指数和供需比与城市规模呈显著的正相关关系，而需求指数与城市规模呈显著的负相关关系。西北地区城市群可以成为未来西部开发建设的重点投资区域。

第四，通过逐个对西北地区 5 个城市群内各个城市进行供需比较分析，整体而言，各个城市的承载状态处于向好发展阶段，但各城市制约因素有差异，其综合承载力提升策略亦有所区别。

第 7 章　中国西北地区城市群城市综合承载力的影响因素分析

从城市群的内涵来看，城市群本质上是一个由多个相互联系的城市构成的集合体。群内城市是城市群的重要组成部分，城市群内单个城市的综合承载力状况不仅决定了城市本身的可持续发展，还会影响城市群系统的正常运转，因此，不能离开城市来谈城市群综合承载力。西北地区 5 个城市群地处我国西部落后省区，均处于城市群的形成和发育阶段，群内各城市之间的经济联系还相对较弱。现阶段如何促进群内城市综合承载力的提升，从而推动各个城市群发展，是提升西北地区城市群综合承载力的关键所在。基于此，本章从群内城市层面出发，选取面板数据模型实证分析西北地区城市群城市综合承载力的影响因素，进而为提升西北地区城市群综合承载力找到施力点。

7.1　群内城市综合承载力影响因素的理论分析

现阶段学术界主要对城市的经济发展、可持续发展能力、竞争力、单要素承载力、资源环境承载力等方面的影响因素进行了研究，而对城市综合承载力的影响因素研究较少。考虑到影响城市群综合承载力的因素有很多，很难将其一一列举出来，只能根据现有文献有选择性地选取一些重要的影响因素。参考相关文献

（郭存芝等，2010；郭存芝等，2014；万庆、吴传清，2015；程广斌、龙文，2016；王振坡、朱丹等，2018），并结合西北地区的实际情况，考虑政府财力、环境规制、产业结构升级、人口密度、教育水平、科技投入、基础设施等因素对城市综合承载力的影响。选取的影响因素及相应的代表性指标如表7－1所示。

表7－1　城市综合承载力影响因素及其代表性指标选取

影响因素	代表性指标	指标解释
政府财力（*zfcl*）	地方政府财政自给率	政府财政收入/政府财政支出
环境规制（*hjgz*）	环境规制强度（ER）	污染物排放量的综合指数
产业结构升级（*cyjg*）	第三产业增加值/第二产业增加值	—
人口密度（*rkmd*）	城区人口密度	—
教育水平（*jysp*）	每万中小学生拥有教师数	中小学教师数/中小学生数
科技投入（*kjtr*）	科技支出占政府财政支出比重	科学技术支出/政府财政支出
基础设施（*jcss*）	人均道路面积	—

7.1.1　政府财力

马斯格雷夫的《公共财政理论》（*The Theory of Public Finance*）中指出，政府的主要作用有：①提供公共服务、基础设施等公共物品；②提供资源配置过程中“市场失灵”的矫正手段；③调节收入分配以在社会成员中达成公平的社会产出分配；④在适当稳定的价格水平下实施财政货币政策求得较高水平的就业率。从城市管理与发展的角度来看，中央及地方政府通过合理支配其财政收入，增加对可变型承载体、约束型承载体以及受载体相关要素的财政投入力度，可以直接增强城市可变型承载体的承载力，间接增强城市的约束型承载体承载力和受载体承载力，进而提高城市系统运行效率，改善城市综合承载力状况。政府财力可以用地方政府财政自给率表示，从而反映地方政府的行政和调控能力。

7.1.2　环境规制

环境规制作为社会性规制的一项重要内容，是指政府通过制定相应政策与措施对厂商等的经济活动进行调节，以使环境污染的经济外部性内部化，从而达到促进环境保护和经济发展协调互动的目标，具体包括工业污染防治和城市环境保护两个方面。环境规制具有明显的两面性特征：一方面，环境规制能通过迫使企业提高环境污染治理水平、倒逼企业进行技术创新、降低能耗减少污染等提高城市综合承载力；另一方面，也会增加企业成本，拖累城市群经济发展，从而抑制城市群综合承载力的提升。可见，环境规制强度应该有一个合理范围，过高或过低的环境规制强度都不利于城市群综合承载力的提升。

目前环境规制强度的相关数据难以获得且数据质量相对较弱①，参照以往文献的做法，可供选择的指标通常包含各种代表性污染物的排放量，如废水、烟（粉）尘与二氧化硫的排放量等。由于本书的研究对象涉及多个县级市，考虑到数据的可获得性，可以选取工业二氧化硫排放量、污水排放量两个指标衡量城市的环境规制强度。如果直接将这些指标作为自变量进行回归将带来两个问题：第一，由于不同污染物的排放量可能是高度相关的，在一个方程中同时包含它们将产生多重共线性问题；第二，若将这些指标简单加总成为一个变量后进行回归，将面临各污染物计量难以横向可比的问题。

本书参考部分学者的研究方法（Arik Levinson，1999；朱平芳、张征宇等，2011；赵霄伟，2014），构建综合反映城市环境污染物排放量的环境规制强度指数。具体步骤如下：

（1）定义城市 j 第 i 种污染的相对排放水平：

$$px_{ij} = \frac{p_{ij}}{\frac{1}{n}\sum_{j=1}^{n} p_{ij}}, \quad i = 1, 2 \tag{7-1}$$

其中，p_{ij}表示城市 j 第 i 种污染物单位 GDP 的排放量（污染排放绝对数量/真实 GDP）。px_{ij}的数值越大并超过 1，表示城市 j 第 i 种污染物的排放水平在全国范围内越是相对的高。

① 张成，陆旸等．环境管制强度与生产技术进步［J］．经济研究，2011（2）：113－124.

（2）由于本身 px_{ij} 是一个无量纲的变量，因此可以进行如下加总平均：

$$p_j = \frac{1}{2}(p_{1j} + p_{2j}) \tag{7-2}$$

（3）由于 p_j 是一个负向指标，即 p_j 值越大说明城市 j 的环境规制强度越低，对该指标进行逆向处理：

$$ER_j = 1/p_j \tag{7-3}$$

其中，ER_j 即可代表城市 j 的环境规制强度，ER_j 值越大表明城市 j 环境污染治理越努力，实行的环境规制强度较大；反之，环境规制强度较小。

7.1.3 产业结构升级

产业结构升级是指产业结构由低级形态向高级形态不断演进的过程。一个城市的产业结构越高级，该城市的资源利用效率就越高，经济社会发展的环境代价就越低。因而，城市的产业结构升级意味着城市资源利用效率不断提高，意味着经济社会发展的环境代价不断降低。20 世纪 70 年代以来，信息技术革命对主要工业化国家的产业结构产生巨大影响，“经济服务化”趋势愈加明显，第三产业发展将逐渐快于第二产业，成为产业结构升级的一个重要特征（吴敬琏，2008）。因此，用第三产业增加值与第二产业增加值之比来度量城市的产业结构升级状况。

7.1.4 人口密度

城市化是指农村人口不断由农村地区向城市地区转移的动态过程。城市群是区域经济发展的主要载体，是城市化进程最快的地区。伴随着城市化和工业化的不断推进，农村人口和农业剩余劳动力不断向城市地区聚集，一方面有利于发挥城市规模效应，提高城市经济效率，直接或间接提高城市的综合承载力水平；另一方面也导致城市地区涌现人口迅速膨胀、交通拥挤、住房紧张、环境恶化、就业困难等“城市病”问题，从而对城市系统的资源、环境、公共服务、基础设施等承载体形成较大的需求压力，最终严重威胁到城市的可持续健康发展，成为阻碍城市综合承载力提升的瓶颈之一。城区是各城市人口最为密集的区域，城区人口密度能有效反映城市人口聚集程度。

7.1.5 教育水平

教育事业的发展可以提高劳动力素质、促进人力资本积累，从而促进城市经济社会发展、提高城市综合承载力。一个区域基础教育师资条件的好坏在一定程度上反映了该区域教育水平的高低。此外，子女教育问题一直以来是劳动力尤其是高素质人才就业择业的重要参考，基础教育水平的提高能够间接起到吸引人才的作用。因此，可以选取每万中小学生拥有教师数作为代表性指标来反映城市教育水平的高低。

7.1.6 科技投入

一个国家或地区既能通过引进生产技术和设备提高劳动生产率、促进经济增长，又能通过技术革新提高资源利用效率、增强环保能力、减少环境污染。政府科技投入强度是一个国家或地区科技水平高低的重要标志。西北地区城市群地处中国西北落后省区，市场化程度较低，科技投入以政府投入为主。因此，科技投入可以用科学技术支出占地方财政支出比重来表示。

7.1.7 基础设施

基础设施系统是城市经济正常运转的前提条件，是城市提供公共服务的物质载体，也是城市现代化水平高低的重要标志之一。城市基础设施中大部分直接或间接参与社会生产活动，例如：供水供电、燃气管道、园林绿化、垃圾处理、市容环卫等设施的不断完善能够直接提高城市资源环境供给能力；基础设施具有典型的经济外部性特征，可以间接降低城市系统运行成本，从而提高综合承载力。例如，交通基础设施的完善不仅可以通过提高城市交通供给能力直接提高城市综合承载力，还可以通过降低企业的运输成本、降低能耗、减少汽车尾气排放，从而间接提高城市综合承载力。本书选取人均道路面积作为基础设施条件的代表性指标来反映城市基础设施对资源环境承载力的影响。

7.2 中国西北地区城市群内城市综合承载力影响因素的实证分析

7.2.1 构建计量模型

面板数据模型主要可分为混合模型、变系数模型和变截距模型。本书以2011～2017年中国西北地区城市群的32个城市为样本，时间跨度较短而截面单元较多，属于典型的短面板数据，可以认为存在个体差异，而不存在结构变化，宜选择变截距模型进行回归估计。为了消除异方差的影响，首先对因变量和各个自变量取对数，然后采用变截距模型对综合承载力的影响因素进行实证分析。与此同时，为了对实证结果进行更深入的分析，首先按2017年城区人口将32个城市进行排序，然后平均分成两个样本，并进行同样的回归估计。构建的变截距模型表达式如下：

$$\ln(y_{it}) = \alpha_i + \beta_1 \ln(zfcl_{it}) + \beta_2 \ln(hjgz_{it}) + \beta_3 \ln(cyjg_{it}) + \beta_4 \ln(rkmd_{it}) + \beta_5 \ln(jysp_{it}) + \beta_6 \ln(kjtr_{it}) + \beta_7 \ln(jcss_{it}) + \mu_{it} \tag{7-4}$$

其中：$\ln(y_{it})$ 为综合承载力的对数形式；$\ln(zfcl_{it})$、$\ln(hjgz_{it})$、$\ln(cyjg_{it})$、$\ln(rkmd_{it})$、$\ln(jysp_{it})$、$\ln(kjtr_{it})$、$\ln(jcss_{it})$ 分别为政府财力、环境规制、产业结构升级、人口密度、教育水平、科技投入、基础设施的对数形式；β_k（$k=1, 2, 3, 4, 5, 6, 7$）是各个自变量对被因变量的弹性系数，反映对应因素对综合承载力的影响。

7.2.2 数据来源与变量描述性统计分析

各自变量的具体计算方法如表7－1所示，所需基础数据均来自历年《中国城市统计年鉴》《中国城市建设统计年鉴》《中国区域经济统计年鉴》西北五省区统计年鉴及各城市统计公报和相关政府网站。因变量和各自变量的描述性统计如表7－2所示。

表7－2 样本描述性统计

	变量名称	平均值	稳健标准误	最小值	最大值	样本容量
总样本	ln（*y*）	－0.5896	0.0993	－0.8311	－0.3724	224
	ln（*zfcl*）	－0.9796	0.6067	－2.3162	0.2560	224
	ln（*hjgz*）	0.3457	0.6398	－1.1810	1.7095	224
	ln（*cyjg*）	－0.2754	0.7701	－2.1782	1.8029	224
	ln（*rkmd*）	8.2547	0.6067	6.4568	9.3966	224
	ln（*jysp*）	6.5734	0.1831	6.1625	7.1640	224
	ln（*kjtr*）	－0.1439	0.7559	－2.1319	1.3739	224
	ln（*jcss*）	2.7808	0.4375	1.9473	4.0873	224
较大城市	ln（*y*）	－0.5820	0.1019	－0.8311	－0.4008	112
	ln（*zfcl*）	－0.8277	0.5814	－2.3099	0.1589	112
	ln（*hjgz*）	0.4641	0.5759	－1.0093	1.4904	112
	ln（*cyjg*）	－0.1868	0.6279	－2.1749	0.9235	112
	ln（*rkmd*）	8.2870	0.7387	6.4568	9.3966	112
	ln（*jysp*）	6.5396	0.1545	6.1625	6.9094	112
	ln（*kjtr*）	0.0545	0.6957	－2.1319	1.3739	112
	ln（*jcss*）	2.6599	0.4122	1.9473	3.6291	112
较小城市	ln（*y*）	－0.5973	0.0964	－0.8217	－0.3724	112
	ln（*zfcl*）	－1.1315	0.5956	－2.3162	0.2560	112
	ln（*hjgz*）	0.2274	0.6802	－1.1810	1.7095	112
	ln（*cyjg*）	－0.3640	0.8840	－2.1782	1.8029	112
	ln（*rkmd*）	8.2224	0.4379	6.7569	9.0662	112
	ln（*jysp*）	6.6073	0.2030	6.2713	7.1640	112
	ln（*kjtr*）	－0.3423	0.7645	－2.0186	0.9007	112
	ln（*jcss*）	2.9016	0.4303	2.0906	4.0873	112

如表7－2所示，较大城市和较小城市的ln（*y*）平均值差距较小，说明二者

的城市综合承载力比较接近，主要原因在于：相对于东中部发达地区，西北地区城市群城市规模普遍不大，城市规模与城市综合承载力之间的关系没有体现出来。较大城市的 ln（*zfcl*）、ln（*hjgz*）、ln（*cyjg*）、ln（*rkmd*）平均值较大，表明较大城市在政府财力、产业结构等方面存在优势，且环境规制强度和人口密度较高；较小城市由于人口基数较小，因而 ln（*jysp*）和 ln（*jcss*）的平均值较大。以上事实验证了样本数据的准确性。

7.2.3 豪斯曼检验、多重共线性检验、内生性检验

变截距模型的个体效应可能以随机影响或固定影响的形式存在，一般通过豪斯曼检验做出判断。豪斯曼检验的原假设为“H_0：μ_{it}与各被解释变量的观测值无关，即个体效应以随机影响的形式存在”。由于传统的豪斯曼检验是基于普通标准误条件下进行的，当聚类稳健标准误与普通标准误相差较大时，传统的豪斯曼检验失效，需采用基于聚类稳健标准误的豪斯曼检验确定模型个体效应的存在形式。基于聚类稳健标准误的豪斯曼检验结果显示，总样本和两个子样本均应选择固定影响变截距模型进行回归估计（见表 7－3）。

表 7－3 基于聚类稳健标准误的豪斯曼检验结果

模型	总样本		较大城市		较小城市	
统计量	χ^2（7）	P 值	χ^2（7）	P 值	χ^2（7）	P 值
统计值	44.307	0.0000	50.987	0.0000	68.935	0.0000

注：χ^2 值均较大，且 P 值接近于 0，说明选择固定效应模型明显优于随机效应模型。

实证过程中需考虑变量的多重共线性和内生性对回归结果的影响。对于自变量的多重共线性问题，可以通过方差膨胀因子（VIF）检验做出判断。VIF 检验结果显示，最大的 VIF 值为 3.33，各自变量之间不存在严重的多重共线性问题（见表 7－4～表 7－6）。

表7-4　总样本的多重共线性检验结果

自变量	ln（zfcl）	VIF	ln（hjgz）	VIF	ln（cyjg）	VIF	ln（rkmd）	VIF
因变量	ln（jcss）	1.33	ln（zfcl）	1.62	ln（kjtr）	1.64	ln（zfcl）	1.69
	ln（cyjg）	1.27	ln（kjtr）	1.54	ln（zfcl）	1.63	ln（kjtr）	1.65
	ln（hjgz）	1.25	ln（cyjg）	1.32	ln（hjgz）	1.31	ln（jcss）	1.33
	ln（rkmd）	1.17	ln（jcss）	1.29	ln（rkmd）	1.17	ln（cyjg）	1.32
	ln（kjtr）	1.11	ln（jysp）	1.13	ln（jcss）	1.13	ln（hjgz）	1.17
	ln（jysp）	1.08	ln（rkmd）	1.05	ln（jysp）	1.07	ln（jysp）	1.11
	Mean VIF	1.20	Mean VIF	1.32	Mean VIF	1.32	Mean VIF	1.38
自变量	ln（jysp）	VIF	ln（kjtr）	VIF	ln（jcss）	VIF		
因变量	ln（kjtr）	1.66	ln（cyjg）	1.31	ln（zfcl）	1.69		
	ln（zfcl）	1.63	ln（jcss）	1.27	ln（kjtr）	1.58		
	ln（jcss）	1.33	ln（hjgz）	1.22	ln（hjgz）	1.27		
	ln（hjgz）	1.31	ln（rkmd）	1.17	ln（rkmd）	1.17		
	ln（cyjg）	1.25	ln（zfcl）	1.14	ln（jysp）	1.12		
	ln（rkmd）	1.15	ln（jysp）	1.13	ln（cyjg）	1.12		
	Mean VIF	1.39	Mean VIF	1.21	Mean VIF	1.33		

表7-5　较大城市的多重共线性检验结果

自变量	ln（zfcl）	VIF	ln（hjgz）	VIF	ln（cyjg）	VIF	ln（rkmd）	VIF
因变量	ln（cyjg）	1.49	ln（zfcl）	2.08	ln（zfcl）	2.09	ln（zfcl）	1.95
	ln（jcss）	1.44	ln（jysp）	1.8	ln（jcss）	1.76	ln（jcss）	1.82
	ln（jysp）	1.43	ln（jcss）	1.72	ln（jysp）	1.64	ln（jysp）	1.61
	ln（hjgz）	1.39	ln（cyjg）	1.49	ln（kjtr）	1.44	ln（cyjg）	1.46
	ln（rkmd）	1.36	ln（kjtr）	1.39	ln（rkmd）	1.42	ln（kjtr）	1.45
	ln（kjtr）	1.2	ln（rkmd）	1.34	ln（hjgz）	1.4	ln（hjgz）	1.28
	Mean VIF	1.38	Mean VIF	1.64	Mean VIF	1.62	Mean VIF	1.6
自变量	ln（jysp）	VIF	ln（kjtr）	VIF	ln（jcss）	VIF		
因变量	ln（jcss）	1.72	ln（jcss）	1.91	ln（jysp）	1.63		
	ln（zfcl）	1.64	ln（jysp）	1.78	ln（zfcl）	1.57		
	ln（kjtr）	1.44	ln（zfcl）	1.71	ln（kjtr）	1.46		
	ln（hjgz）	1.39	ln（cyjg）	1.46	ln（rkmd）	1.38		

续表

自变量	ln（*zfcl*）	VIF	ln（*hjgz*）	VIF	ln（*cyjg*）	VIF	ln（*rkmd*）	VIF
因变量	ln（*cyjg*）	1.34	ln（*rkmd*）	1.44	ln（*cyjg*）	1.36		
	ln（*rkmd*）	1.29	ln（*hjgz*）	1.32	ln（*hjgz*）	1.26		
	Mean VIF	1.47	Mean VIF	1.61	Mean VIF	1.44		

表7-6　较小城市的多重共线性检验结果

自变量	ln（*zfcl*）	VIF	ln（*hjgz*）	VIF	ln（*cyjg*）	VIF	ln（*rkmd*）	VIF
因变量	ln（*cyjg*）	1.63	ln（*kjtr*）	2.01	ln（*kjtr*）	2.08	ln（*zfcl*）	2.34
	ln（*jcss*）	1.6	ln（*zfcl*）	1.98	ln（*zfcl*）	2.01	ln（*kjtr*）	2.02
	ln（*rkmd*）	1.48	ln（*cyjg*）	1.88	ln（*hjgz*）	1.43	ln（*jcss*）	1.76
	ln（*kjtr*）	1.27	ln（*jcss*）	1.75	ln（*jcss*）	1.37	ln（*cyjg*）	1.65
	ln（*hjgz*）	1.21	ln（*rkmd*）	1.36	ln（*rkmd*）	1.29	ln（*hjgz*）	1.32
	ln（*jysp*）	1.15	ln（*jysp*）	1.14	ln（*jysp*）	1.15	ln（*jysp*）	1.15
	Mean VIF	1.39	Mean VIF	1.69	Mean VIF	1.55	Mean VIF	1.71
自变量	ln（*jysp*）	VIF	ln（*kjtr*）	VIF	ln（*jcss*）	VIF		
因变量	ln（*zfcl*）	2.33	ln（*cyjg*）	1.86	ln（*zfcl*）	2.13		
	ln（*kjtr*）	2.09	ln（*jcss*）	1.45	ln（*kjtr*）	1.73		
	ln（*cyjg*）	1.88	ln（*rkmd*）	1.42	ln（*rkmd*）	1.48		
	ln（*jcss*）	1.59	ln（*zfcl*）	1.41	ln（*cyjg*）	1.47		
	ln（*rkmd*）	1.47	ln（*hjgz*）	1.37	ln（*hjgz*）	1.43		
	ln（*hjgz*）	1.42	ln（*jysp*）	1.15	ln（*jysp*）	1.04		
	Mean VIF	1.8	Mean VIF	1.44	Mean VIF	1.55		

对于变量的内生性问题，采用 Davidson - Mackinnon（1993）检验进行判定。该方法设定原假设为不存在显著的内生性偏误。检验结果表明，除政府财力、科技投入外，其余5个自变量均不存在明显的内生性问题（见表7-7）。由于本研究时间跨度较短，而克服内生性问题的一般方法——广义矩估计（GMM）的使用会减少较多的自由度，从而影响实证结果的准确性，本书仅采用工具变量法对政府财力、科技投入的内生性进行处理，而对其余内生性问题不严重的变量不做处理。

表 7－7　内生性检验结果

自变量	工具变量	Davidson－MacKinnon 检验					
		总样本		较大城市		较小城市	
ln（*zfcl*）	ln（$zfcl_{t-1}$）	2.931	（0.089）	1.017	（0.317）	0.626	（0.432）
ln（*hjgz*）	ln（$hjgz_{t-1}$）	9.472	（0.003）	4.963	（0.029）	5.744	（0.019）
ln（*cyjg*）	ln（$cyjg_{t-1}$）	0.048	（0.827）	0.300	（0.586）	0.004	（0.953）
ln（*rkmd*）	ln（$rkmd_{t-1}$）	0.311	（0.578）	0.033	（0.857）	0.771	（0.383）
ln（*jysp*）	ln（$jysp_{t-1}$）	3.254	（0.073）	2.631	（0.109）	0.007	（0.932）
ln（*kjtr*）	ln（$kjtr_{t-1}$）	0.949	（0.332）	3.689	（0.059）	0.601	（0.441）
ln（*jcss*）	ln（$jcss_{t-1}$）	29.886	（0.000）	28.631	（0.000）	2.043	（0.157）

注：括号内为 P 值，括号外为 Davidson－MacKinnon 检验统计量。

7.2.4　实证结果分析

首先，以政府财力、环境规制强度、产业结构升级、人口密度、教育水平、科技投入、基础设施为自变量，以城市综合承载力为因变量，采用双对数固定效应变截距模型分别对 2011～2017 年西北地区城市群 32 个城市及较大城市和较小城市综合承载力的影响因素进行实证分析。由于 Davidson－Mackinnon（1993）检验结果显示政府财力和科技投入指标存在较严重的内生性问题，本书采用工具变量法进行回归估计。考虑到工具变量的选取是采用工具变量法进行回归估计的关键所在，本书采用滞后期工具变量策略，分别以 2011～2016 年政府财力和科技投入作为 2012～2017 年政府财力和科技投入的工具变量。如表 7－8 所示，Pearson 相关系数检验发现 Pearson 系数均较大，且均在 99% 的置信度下显著，这说明滞后期的工具变量与当期值高度相关，而当期的城市综合承载力对前一期的政府财力没有影响，因此工具变量选择符合要求。回归结果如表 7－9 所示。

表 7－8　Pearson 相关系数检验结果

自变量	Pearson 系数		
	总样本	较大城市	较小城市
ln（*hjgz*）	0.9348 ***	0.9156 ***	0.9460 ***
ln（*jcss*）	0.9482 ***	0.9486 ***	0.9396 ***

注：*** 表示 Pearson 系数在 99% 的置信度下显著。

表 7－9　西北地区城市群城市综合承载力影响因素回归结果

变量	总样本		较大城市		较小城市	
	FE	IV－FE	FE	IV－FE	FE	IV－FE
ln（*zfcl*）	0.0133 (0.9991)	－0.0047 (－0.3631)	0.0160 (1.3860)	0.0082 (0.5949)	0.0018 (0.0906)	－0.0375 (－1.0847)
ln（*hjgz*）	0.0646 *** (4.4027)	0.1178 *** (3.0845)	0.0502 *** (3.2772)	0.0962 *** (2.6487)	0.0902 *** (4.5263)	0.3120 (1.5156)
ln（*cyjg*）	0.0523 *** (4.7640)	0.0352 *** (3.2029)	0.0534 ** (2.8170)	0.0439 *** (3.5450)	0.0567 *** (3.4870)	0.0380 (0.6714)
ln（*rkmd*）	－0.0274 ** (－2.1296)	－0.0229 * (－1.6685)	－0.0463 *** (－4.5109)	－0.0355 *** (－3.2473)	0.00340 (0.1850)	0.0436 (0.5689)
ln（*jysp*）	0.1002 *** (2.8329)	0.0417 (1.0126)	0.0725 (1.7225)	－0.0094 (－0.1911)	0.0884 * (2.0807)	0.1310 (1.2929)
ln（*kjtr*）	0.0412 *** (6.3008)	0.0387 *** (5.4847)	0.0344 *** (5.5329)	0.0304 *** (4.7767)	0.0573 *** (4.3173)	0.0471 ** (2.0106)
ln（*jcss*）	0.1077 *** (5.2824)	0.2049 *** (5.1187)	0.0920 *** (3.3560)	0.0768 ** (2.0819)	0.1235 *** (5.1941)	0.4700 *** (2.7417)
常数项	－1.3106 *** (－5.2895)	－1.2734 *** (－3.8169)	－0.9195 *** (－3.5875)	－0.4590 (－1.3384)	－1.5464 *** (－6.2005)	－3.2752 ** (－2.3253)
F 统计量	24.87 *** (0.000)	15.27 *** (0.000)	30.27 *** (0.000)	34.12 *** (0.000)	25.48 *** (0.000)	10.33 *** (0.000)
Wald 统计量	—	44259.69 *** (0.000)	—	44566.03 *** (0.000)	—	6563.71 *** (0.000)
σ_u	0.1099	0.1312	0.1118	0.1049	0.1406	0.3120
σ_e	0.0334	0.0381	0.0272	0.0266	0.0374	0.0708

续表

变量	总样本		较大城市		较小城市	
	FE	IV - FE	FE	IV - FE	FE	IV - FE
ρ	0.9153	0.9221	0.9442	0.9396	0.9338	0.9510
样本容量	224	192	112	96	112	96

注：括号外为系数，括号内为P值；*、**、***分别表示在90%、95%、99%的置信度下显著；FE、IV - FE分别指固定效应变截距模型、使用工具变量的两阶段最小二乘法的回归结果；由于使用工具变量法进行回归估计可以有效缓解自变量内生性问题导致的估计误差，主要根据IV - FE的回归结果进行实证分析，而将固定效应模型（FE）的回归结果作为参照报告出来。

如表7-9所示，6个回归估计结果的F统计量和系数联合显著性检验（Wald）下的统计量均较大，且均在99%的置信度下显著，说明模型的拟合效果较好；ρ值均较大，可认为复合扰动项的方差主要来自个体效应的变动；IV - FE和FE的回归结果基本一致，回归结果的大部分自变量的弹性系数大小、方向、显著性或与现有相关文献的研究成果相一致，或与资源环境科学、发展经济学等学科的相关分析相符，或符合西北地区城市的发展状况。这说明方程对变量之间关系的解释力较强，回归结果可靠，可以基于此回归估计结果进行实证分析。IV - FE的回归结果中F统计量均大于10，说明使用的工具变量是强工具变量（吴要武，2010），这进一步表明本书选取的工具变量有效，能够客观真实地反映政府财力和科技投入对城市综合承载力的影响。通过对总样本、较大城市、较小城市的回归结果进行分析，得出如下结论。

（1）政府财力对城市综合承载力的影响较小。政府财力的弹性系数在统计意义上不显著。较大城市政府财力的弹性系数为正而较小城市政府财力的弹性系数为负，这说明政府财力对城市综合承载力的影响较小。西北地区城市群地处我国西部落后省区，市场化程度较低，政府财政支持对于提升城市群综合承载力应该具有一定促进作用，但是由于经济基础较差、政府财力较弱导致政府财政支持对城市群综合承载力的正向影响有限。这一点通过比较较大城市和较小城市的回归结果也有所体现，较小城市的政府财力更差，其政府财力的系数也小于较大城市。

（2）环境规制促进城市综合承载力的提升。总样本和较大城市的回归结果显示，环境规制的弹性系数为正，且在99%的置信度下显著。较小城市的回归结果也显示环境规制的弹性系数为正，尽管未通过显著性检验。这说明政府的环境规制行为可以促进城市综合承载力的提升。环境规制对城市综合承载力的影响具有两面性：政府加大环境规制力度一方面能迫使企业节能减排，促进城市综合承载力提升，另一方面将提高当地企业的生产成本和当地居民的生活成本。适度的环境规制强度可以促进城市综合承载力的提升，但是环境规制强度过高可能产生一定的阻碍作用。由于较小城市的经济基础较差，对环境规制的承受能力较弱，因而环境规制对城市综合承载力的提升效果较小。

（3）产业结构升级在一定程度上可提升城市群综合承载力。总样本回归结果中产业结构升级的弹性系数为正，且在99%的置信度下显著；较大城市产业结构升级的弹性系数为正，且在95%的置信度下显著。较小城市产业结构升级的弹性系数也为正，尽管未通过显著性检验。这说明促进产业结构升级可以在一定程度上提升西北地区城市群综合承载力。较大城市的产业结构比较合理，新型工业化和第三产业发展较好，因而产业结构升级与城市综合承载力之间呈现出比较显著的正相关关系。而较小城市尚处于工业化前期，第二产业发展存在明显的“高能耗、高排放、高污染、低效益”特征，与此同时，第三产业发展缓慢，且以传统服务业为主，而现代服务业发展明显滞后。较小城市的第三产业发展对城市综合承载力的促进作用有限，不足以弥补第二产业粗放式经营的负面影响，因而其产业结构升级的弹性系数不显著。

（4）人口密度对城市综合承载力存在一定负向影响。总样本和较大城市的回归结果显示，人口密度的弹性系数为负，且在统计意义上显著，较小城市的人口密度的弹性系数为正。这说明人口密度对城市综合承载力，尤其是较大城市的综合承载力存在一定的负向影响，较合理的解释是：人口集聚对城市可持续发展的影响存在两面性。一方面，人口集聚有利于城市规模效应的发挥，促进城市可持续发展；另一方面，人口集聚将提高城市管理成本，阻碍城市可持续发展。西北地区城市群人口素质较低、城市管理制度不完善，在一定程度上阻碍了城市综合承载力的提升；与较小城市相比，较大城市的人口集聚程度较大，因而对城市综合承载力的阻碍作用也较明显。

（5）教育水平对城市综合承载力的促进作用不显著。教育水平的弹性系数在统计意义上不显著，这与预期不符。长期以来，我国教育资源在各地区之间的分布存在明显的不均衡现象，西部地区教育资源比较稀缺造成其教育水平明显落后于东中部地区。西北地区城市群的基础教育薄弱、师资力量有限造成人力资本水平较低，使得教育水平对城市综合承载力的促进作用不显著。

（6）加大科技投入力度可有效提升城市综合承载力。科技投入的弹性系数为正，且在95%或90%的置信度下显著，说明加大科技投入力度可以有效提升西北地区城市群的城市综合承载力。由于较大城市的科技水平较高、科技投入力度较大，其科技投入的弹性系数更显著。西北地区城市群内资源型城市较多、经济粗放增长问题比较严峻，继续加大科技投入力度、不断提升科技水平可以有效提升西北地区城市群尤其是群内较小城市的综合承载力。

（7）不断完善基础设施可有效提升城市综合承载力。基础设施的弹性系数均为正，且在95%的置信度下显著。这说明基础设施的不断完善能够有效提高西北地区城市群综合承载力，较小城市的基础设施条件更差，因而其综合承载力受基础设施的影响也更大。西北地区城市群应该把握新一轮西部大开发和共建"丝绸之路经济带"的历史机遇期，继续加大基础设施投入力度，并适度向较小城市倾斜，推动西北地区城市群综合承载力全面提升。

7.3　本章小结

本章内容包括两个部分：

（1）借鉴已有文献，结合中国西北地区城市群的实际情况，分析了政府财力、环境规制、产业结构升级、人口密度、教育水平、科技投入、基础设施等因素对城市综合承载力的影响，对相关影响因素及其代表性指标做理论上的解释与说明。

（2）构建计量模型，对总样本和两个子样本做相关检验，通过对总样本、较大城市、较小城市的回归结果进行分析，得出如下结论：

第一，总的来说，政府财力、环境规制、产业结构升级、科技投入、基础设施等因素对城市综合承载力均存在正向影响，说明通过增加地方政府财政收入、加大环境规制力度、促进产业结构升级、加大科技投入力度、扩大基础设施投入等途径可以有效提升西北地区城市群综合承载力。

第二，人口密度对城市综合承载力存在一定程度的负向影响，而教育水平对城市综合承载力的正向影响不显著，这与预期不符。原因在于：西北地区城市群人口素质较低、城市管理制度不完善，在一定程度上阻碍了综合承载力的提升。教育资源地区分布不均衡，西部地区教育水平落后，使得教育水平对资源环境承载力的正向影响不显著。

第三，除人口密度、科技投入外，各因素对城市综合承载力的影响在较大城市和较小城市之间存在明显差异：①较小城市的市场化程度相对更低，政府财力对提升城市综合承载力的作用更明显；②由于环境规制对城市综合承载力的影响存在两面性，在较小城市的环境规制强度明显低于较大城市的情况下，前者环境规制对城市综合承载力存在明显的正向影响，而后者环境规制的正向影响不显著；③较小城市的产业结构转型升级缓慢，第二产业发展存在明显的“三高一低”特征，而第三产业尤其是现代服务业发展缓慢，导致产业结构升级对城市综合承载力的正向影响不显著，而较大城市的产业结构转型升级较快，其产业结构升级与城市综合承载力呈现比较显著的正相关关系；④较小城市的教育质量较低、人力资本水平较低，其教育水平与城市综合承载力呈微弱的负相关关系，相反，较大城市的教育水平与城市综合承载力之间呈正相关关系；⑤较小城市的基础设施条件较差，使得基础设施与城市综合承载力之间的正相关关系不显著，而较大城市则比较显著。

第8章　中国西北地区城市群综合承载力提升的政策建议

在前文第5章、第6章和第7章，分别从城市群和群内城市两个层面，对中国西北地区城市群综合承载力进行了测算与分析，并从群内城市层面出发实证分析了西北地区城市群城市综合承载力的影响因素。在实证分析过程中，从整体层面剖析了西北地区城市群综合承载力的制约因素、群内城市承载状态与制约因素，又从局部层面具体分析了各个城市群综合承载力的短板与制约因素以及群内各个城市的承载状态及制约因素，并通过城市综合承载力影响因素的探讨，为提升西北地区城市群综合承载力找到施力点。本章依据上述短板、制约因素以及影响因素的分析结果与结论，从整体和局部层面分别提出提升西北地区城市群综合承载力的政策建议。

8.1　西北地区城市群及群内城市整体层面的政策建议

8.1.1　合理规划布局，有针对性地提升城市群综合承载力

西北地区各个城市群的综合承载力差距较大，且优劣势存在明显差异。各个

城市群相关政府决策部门或管理部门，须结合国家或地方政府对城市群发展的部署安排与规划布局，抓紧时间制定城市群的中长期发展规划，为城市群发展谋篇布局。在制定城市群发展规划的过程中，需结合城市群实际，充分考虑城市群发展的内外环境、优劣条件，有针对性地规划布局、扬长补短，从而有效提升城市群的综合承载力。此外，城市群是一个极其复杂的城市“集合体”，城市群城市之间分工明确、协调性强，往往能使城市群各项职能得到最充分发挥，从而起到事半功倍的效果。因此，构建合理的城镇体系对于城市群可持续发展极其重要。关中—天水、银川平原、兰白西和天山北坡城市群发展较为成熟，应该合理定位各城市功能，提高中心城市的扩散效应，从而促进其他城市的发展，而酒嘉玉城市群尚处于形成阶段，其发展关键在于培育中心城市，通过集聚效应形成规模经济，进而提高城市群综合承载力。

8.1.2 合理规划城镇化进程，加大教育投入的财政支持力度

由前文分析可知，从准则层考虑，西北地区城市群受载体承载力指数明显偏低，人口承载力状况较差是西北地区城市群的共同特征，同时，从子要素承载力看，人口承载力是制约西北地区城市群综合承载力提升的第一障碍因素。因此，需要着力解决人口承载力问题，首先，合理规划城镇化进程，提前谋划城区基础设施建设，有序引导周边地区人口向城市集聚，结合各个城市发展实际，合理布局人口密度，加强公共服务体系建设，为人口集聚提供就业、医疗等社会保障；其次，鉴于西北地区城市群教育资源短缺的现实，中央及地方政府需加大教育投入的财政支持力度，加快发展教育事业，提高教育的专业化水平，加强高端技术人才和高技术工人的培育工作，不断提升劳动力素质，从而显著改善人口承载力状况，突破西北地区城市群综合承载力提升的人口因素。

8.1.3 加大水利工程建设力度，促进水资源的循环利用

西北地区城市群水资源承载力指数均不到0.5，是制约综合承载力提升的另一个主要因素。西北地区城市群地处干旱半干旱地区，水资源相对短缺，生态系

统脆弱，加之中国西北地区经济发展相对落后、技术水平较低，导致水资源利用效率显著低于国内其他地区，给城市化发展以及承载力提升带来巨大挑战。因此，西北地区城市群在发展过程中应将提高水资源承载力作为重要着力点，增加水资源规模，提高水资源利用效率。第一，加大水利工程建设的投资力度，优化水资源条件，促进水资源可持续利用；第二，适度控制城市群内各个城市的人口规模，严格控制高污染企业和项目进入西北地区，减少人类活动对于城市群水资源可持续利用产生的巨大压力；第三，深入贯彻生态文明理念，优化生态、生产与生活的用水结构，提高用水效率，促进水资源的循环利用，提高水资源承载力。

8.1.4 加快转变经济增长方式，减少人类活动的负面影响

从供需比较层面分析城市综合承载力提升的制约因素，西北地区城市群大多数城市供给能力提升明显快于需求压力的缓解，多属于需求超载型，说明人口与经济对资源与环境等造成的压力越来越大，需求压力大成为其承载力提升的主要制约因素。因此，解决承载力的需求端问题是未来西北地区城市群可持续发展的重要方向，即要不断降低人类活动对资源、环境、公共服务、基础设施等方面造成的压力，减少人类活动自身对于承载力带来的不利影响。因此，西北地区城市群应加快转变经济增长方式，推进企业的技术创新与改造，不断降低生产过程中水、土地以及各种矿产资源的消耗，降低废水、废气与废渣的直接排放量，与此同时，加快城区改造，加大基础设施建设投入力度，改善城市人居环境。另外，还要着力促进农业现代化、工业化、信息化以及城镇化的协同发展与融合发展，推进区域经济的结构优化，减少人口与经济发展对城市综合承载力提升带来的负面影响。

8.1.5 加大政府转移支付力度，提高公共产品供给能力

西北地区城市群地处中国西北落后省区，地方政府财力有限，中央政府应该继续加大转移支付和政策倾斜力度，扩大西北地区城市群尤其是群内较小城市的

财政收入来源，从而促进其可持续发展，而各级地方政府应该致力于规范政府行为、厘清政府职能范围，提高城市经济效率，从而不断提高城市群公共产品的供给能力，提升可变型承载体承载力。由前文影响因素分析可知，不断完善基础设施可有效提升城市综合承载力。基础设施条件较差是制约西北地区城市群综合承载力的重要因素，特别是关中—天水城市群、兰白西城市群、酒嘉玉城市群以及一些规模较小的城市，应该继续加大基础设施建设力度，并适度向群内较小城市倾斜，从而有效改善西北地区城市群的基础设施条件。另外，酒嘉玉、银川平原、天山北坡等城市群以及一些小规模城市的公共服务承载力较差，是其综合承载力提升的主要制约因素，因此，这些城市群或城市要继续加大公共服务领域的财政支持力度，提高公共产品供给能力。

8.1.6 促进产业结构转型升级，重视科技创新与技术引进

西北地区城市群中，关中—天水、酒嘉玉和银川平原等城市群的经济承载力较差，是其综合承载力提升的主要制约因素，而产业结构不合理、现代服务业发展缓慢，是经济承载力差的主要原因。另外，西北地区城市群的 32 个城市当中，资源型城市较多，这些资源型城市的产业结构多不合理。前文影响因素分析已证明，产业结构升级在一定程度上可提升城市群综合承载力。因此，需大力发展第三产业，解除资源型城市对资源的过分依赖，发展信息产业、旅游业、金融业等现代服务业，提高第三产业在国民经济中所占份额。与此同时，优化第二产业内部结构，改造和提升传统产业，培育新的经济增长点，根本扭转资源型城市第二产业粗放经营的状况。另外，加大科技投入力度可有效提升城市综合承载力。而西北地区城市群科技水平较低、科技投入不足，因此，不仅要继续加大科技投入力度、合理引导科技投入方向、完善科技创新激励机制，而且应发挥后发优势，通过积极引进东部和中部发达省区先进技术，推动本地区科技水平有效提升。

8.1.7 适度加强环境管制力度，不断提高环境承载力

西北地区城市群中，兰白西、天山北坡等城市群的环境承载力较差，是其综

合承载力提升的主要制约因素，这些地区多为绿洲特征，生态环境比较脆弱，而人口又比较集中，第二产业规模较大，对生态环境系统形成较大的承载压力。从环境规制的角度来看，西北地区城市群的环境规制强度相比较于东部地区还很低，企业经营的环境成本显著低于东部发达地区，不利于环境承载力的提升。前文影响因素分析结果表明，环境规制促进城市综合承载力的提升，因此，西北地区城市群要适度加强环境规制力度，减少企业生产对生态环境造成的负面影响，不断提高环境承载力从而有效促进城市群综合承载力的提升。具体而言，要严格执行有关环境保护方面的法律法规，做到执法必严，严格控制二氧化硫、污水、工业废渣的排放量，加大污染物的处理率，提高废物综合利用率，与此同时，要提高资源的集约利用程度，减少污染物的产生量。另外，完善垃圾分类工作的相关法律法规，加快推进城市生活垃圾分类工作，提高城区绿化覆盖率和公园绿地面积，改善城市的人居环境。

8.1.8 创新体制机制，保证城市群综合承载力的稳定性

前文实证分析结果表明，从城市群综合承载力指数、准则层承载力指数与子要素承载力指数几方面来看，西北地区城市群综合承载力整体处于上升趋势，但存在一些波动，个别城市群、一些年份存在承载力状态恶化的情况，比如酒嘉玉城市群从2014年开始承载力指数不断下降。因此，西北地区城市群各级政府须创新体制机制，在提升城市群综合承载力过程中，做到扬长避短、趋利避害，有针对性地解决关键制约因素，为保证城市群综合承载力的稳定性提供制度支持。具体可参考如下几方面：①处理好市场机制与政府干预的关系，以市场机制为基础，明确各种资源的产权，对资源进行合理定价，同时通过政策干预弥补市场失灵；②创新政府绩效考核机制，弱化单纯追求数字的GDP考核，逐步用绿色GDP考核来代替；③自然资源开发、流域开发、基础设施建设、城镇建设等重大项目，必须建立环境影响评价制度和领导目标责任制；④建立健全公众监督机制，充分发挥公众对资源开发和环境保护的监督作用。

8.2 西北地区城市群及群内城市局部层面的政策建议

8.2.1 关中—天水城市群

关中—天水城市群综合承载力的短板在于受载体承载力，而水资源、基础设施、经济、土地资源等子要素承载力较差，则是其综合承载力提升的主要制约因素。因此，从准则层考虑，关中—天水城市群应着力解决人口与经济对于承载体造成的各种压力，通过合理布局人口分布、提高人口素质、优化产业结构等多种路径，提高人口与经济的自身质量，减少人类活动对承载体造成的压力及其自身对综合承载力造成的负面影响。从子要素承载力考虑，关中—天水城市群须加强土地与水资源的集约利用，加大基础设施建设的投入力度，增强基础设施对于经济社会发展的支撑作用，从而提高这些子要素承载力，提升整个城市群的综合承载力水平。

从群内城市来看，关中—天水城市群 10 个城市中，西安市属于需求严重超载型城市，其需求指数显著低于供给指数，而天水市属于综合承载力状态最差的一组，因此，该城市群应着力解决这两个城市的需求端超载问题，减少人口与经济活动对于综合承载力造成的压力与负面影响。

8.2.2 兰白西城市群

兰白西城市群的约束型承载体承载力指数（资源、环境）明显低于西北地区其他 4 个城市群，而土地资源、环境、人口、能源、水资源和基础设施等子要素承载力较差，则是其综合承载力提升的主要制约因素。因此，从准则层考虑，兰白西城市群应着力解决资源与环境问题，加快区域创新体系建设，集约利用水、土地、矿产等资源，提高资源的利用效率，加大环境治理与保护力度，显著降低工业三废排放量，改善城市的人居环境，从而不断提高资源与环境对于人类活动的支撑能力。从子要素承载力考虑，除了提高土地、水以及能源等资源的集约利用率、加大环境保护力度之外，还要提高人口质量、加大基础设施建设力度，提升整个城市群的综合承载力水平。

从群内城市来看，兰白西城市群5个城市中，除了定西市供需平衡之外，其他4个城市均属于需求中度超载型城市，而兰州、白银、临夏3个城市属于综合承载力状态最差的一组，因此，该城市群应着力解决这几个城市的问题，在发展工业经济的同时，须着力解决好环境问题，加大污染物的处理力度，减少污染物排放量，从而降低工业生产活动对于综合承载力造成的压力与负面影响。

8.2.3　酒嘉玉城市群

酒嘉玉城市群综合承载力的短板在于可变型承载体承载力（公共服务、基础设施），其可变型承载体承载力指数最低、年均增速最小，且2014年后持续下降。而基础设施、公共服务、经济和土地等子要素承载力较差，则是其综合承载力提升的主要制约因素。因此，从准则层考虑，酒嘉玉城市群应着力促进公共服务和基础设施的空间合理配置，提升公共服务和基础设施的供应能力。酒嘉玉是西北地区最小的城市群，尚处于雏形阶段，相关城市自身财力有限，在加大公共服务和基础设施投入方面，须积极争取中央或省级财政的支持，同时采取多种方式吸引民间资本参与到公共服务和基础设施投建设中，从而不断提高公共服务和基础设施水平。从子要素承载力考虑，除了提高基础设施和公共服务承载力之外，还要加快产业结构的优化升级，大力发展现代服务业，不断提高第三产业贡献率，降低经济运行成本，提升整个城市群的综合承载力水平。

从群内城市来看，酒嘉玉城市群4个城市中，嘉峪关市属于需求中度超载型城市，而酒泉市属于综合承载力状态最差的一组，其供给能力严重不足，因此，该城市群应着力解决嘉峪关需求超载与酒泉供给不足的问题，通过高效利用资源、加强环境保护与基础设施建设等，提高各要素的供给能力，减少人类活动造成的压力。

8.2.4 银川平原城市群

银川平原城市群综合承载力的短板在于受载体（人口和经济），其受载体承载力指数最低，增长速度也较小，也显著低于两个承载体承载力指数。而水资源、能源、人口、经济等子要素承载力较差，则是其综合承载力提升的主要制约因素。因此，从准则层考虑，银川平原城市群应着力改善人口和经济的质量，降低生活、生产活动对于资源环境造成的压力。从现实来看，银川平原以资源型城市居多，重工业较为发达，第三产业发展比较落后，而人口密度比较高。因此，相关城市须加快资源型城市的转型升级，通过技术创新与改造不断提高重工业的发展质量，大力发展第三产业、优化产业结构，从根本上改善受载体质量。从子要素承载力考虑，除了提高人口与经济承载力之外，还要加快工业企业技术升级与改造，提高能源、水资源的使用效率，降低能耗，提升整个城市群的综合承载力水平。

从群内城市来看，银川平原城市群 6 个城市中，青铜峡市需求严重超载，银川、石嘴山、吴忠三市需求中度超载，中卫、青铜峡和吴忠 3 市属于综合承载力状态最差的一组，其共同特点在于工业经济活动对资源环境造成的压力太大。因此，该城市群应着力解决中卫、青铜峡和吴忠等城市的绿色生产问题，多采用节能减排技术，改变能耗高、污染高的局面。

8.2.5 天山北坡城市群

天山北坡城市群综合承载力的短板在于受载体（人口和经济），其受载体承载力指数显著低于两个承载体承载力指数。而能源、环境和公共服务等子要素承载力较差，则是其综合承载力提升的主要制约因素。因此，从准则层考虑，天山北坡城市群应着力降低人口和经济活动对于资源环境造成的压力。从现实来看，天山北坡是新疆人口最密集、经济最发达的地区，长期以来对承载体造成的需求压力非常大，环境污染是最大的问题。因此，天山北坡城市群要紧抓“丝绸之路经济带”核心区，着力提升经济质量，促进工业的转型升级，从根本上解决环境污染问题，大力发展金融业、信息咨询业、旅游业等现代服务业。从子要素承载力考虑，该城市群要加快工业企业的技术更新与改造，降低工业生产对于能源资源的消耗，推广清洁生产，强化废弃物处理。与此同时，积极争取财政支持，加大对该地区的公共服务建设投入的力度，从而提升整个城市群的综合承载力水平。

从群内城市来看，天山北坡城市群7个城市中，乌鲁木齐、奎屯、石河子等城市属于需求中度超载型，乌鲁木齐和石河子属于综合承载力状态最差的一组，其共同特点在于需求指数常年在0.35左右，需求压力太大。因此，该城市群应着力解决乌鲁木齐、奎屯和石河子等工业产业结构问题，降低能源、电力、重化工比重，加大环境执法力度，真正解决环境污染问题，从根本上提高城市的综合承载力。

8.3　本章小结

本章内容包括两个部分：

（1）西北地区城市群及群内城市整体层面的政策建议。依据前文对西北地区城市群的短板、制约因素以及影响因素的分析，从整体层面提出政策建议：合理规划布局，有针对性地提升城市群综合承载力。合理规划城镇化进程，加大教育投入的财政支持力度。加大水利工程建设力度，促进水资源的循环利用。加快转变经济增长方式，减少人类活动的负面影响。加大政府转移支付力度，提高公共产品供给能力。促进产业结构转型升级，重视科技创新与技术引进。适度加强环境管制力度，不断提高环境承载力。创新体制机制，保证城市群综合承载力的稳定性。

（2）西北地区城市群及群内城市局部层面的政策建议。依据前文对各个城市群及群内城市综合承载力的短板、承载状态及主要制约因素的分析，从准则层和子要素承载力考虑，从局部层面对每个城市群及群内超载严重的城市提出政策建议。

参考文献

［1］ Alexis Saveriades. Establishing the Social Tourism Carrying Capacity for the Tourist Resorts of the East Coast of the Republic of Cyprus［J］. Tourism Management, 2000 (21): 147-156.

［2］ Allan W A. Studies in African Land Usage in Northern Rhodesia［M］. Rhodes Livingstone Papers and No. 15 Cape Town: Oxford University Press, 1949.

［3］ Bishop A B. Carrying Capacity in Regional Environment Management［M］. New York: Government Printing Office, 1974.

［4］ B Ward. 只有一个地球［M］. 北京：石油化学工业出版社，1974.

［5］ Cang Hui. Carrying Capacity, Population Equilibrium, and Environment's Maximal Load［J］. Ecological Modelling, 2006 (192): 317-320.

［6］ Daily G C and Ehrlich P R. Soci-economic Equity, Sustainability, and Earth's Carrying Capacity［J］. Ecological Applications, 1996 (4): 991-1001.

［7］ Carey D I. Development Based on Carrying Capacity［J］. Global Environmental Change, 1993, 3 (2): 140-148.

［8］ Egger S. Determining A Sustainable City Model［J］. Environmental Modeling & Software, 2006, 21 (9): 1235-1246.

［9］ Eric F Lampard. American Historians and the Study of Urbanization［J］. American Historical Review, 1961, 67 (1): 49-61.

［10］ Evans G C. The Quantitative Analysis of Plant Growth［M］. London:

Blackwell Scientific Publications, 1972.

[11] FAO. A Framework for Land Evaluation [R]. FAO Soil Bulletin, 1977.

[12] Geddes P. Cities in Evolution: An Introduction to the Town – planning Movement and the Study of Cities [M]. London: Williams and Norgate, 1915.

[13] Gottmann Jean. Megalopolis: Or the Urbanization of the Northeastern Seaboard [J]. Economic Geography, 1957 (3): 189 – 200.

[14] Hardin G. Cultural Carrying Capacity: A Biological Approach to Human Problems [J]. Bio – Science, 1986 (9): 599 – 606.

[15] Holling C S. Sustainable Development of the Biosphere [M]. Cambridge: Cambridge University Press, 1986.

[16] Howard Ebenezer. 明日的田园城市 [M]. 金经元译. 北京：商务印书馆，2000.

[17] John Stuart Mill. 政治经济学原理 [M]. 赵荣潜译. 北京：商务印书馆，1991.

[18] Jonathan M Harris, Scott Kennedy. Carrying Capacity in Agriculture: Global and Regional Issues [J]. Ecological Economics, 1999 (3): 443 – 461.

[19] Levinson A. Environmental Regulatory Competition: A Status Report and Some New Evidence [J]. National Tax Journal, 2003 (56): 91 – 106.

[20] Lindeman R L. The Trophic – dynamic Aspect of Ecology [J]. Ecology, 1942, 23 (4): 399 – 418.

[21] Li Xiaoyan and Shi Zhongke. Calculation Models of the Urban Traffic Environmental Carrying Capacity [J]. International Conference on Transportation Engineering, 2007 (2): 4044 – 4049.

[22] Malin Falkenmark, Jan Lundqvist. Towards Water Security: Political Determination and Human Adaptation Crucial [J]. Natural Resources Forum, 1998 (1): 37 – 51.

[23] Malthus T R. An Essay on the Principle of Population [M]. London:

Pickering, 1798.

[24] McGee T G. The Emergence of Desakota Regions in Asia: Expanding A Hypothesis [M]. Honolulu: University of Hawail Press, 1987.

[25] Odum E P. Fundamentals of Ecology [M]. Philadelphia: W. B. Saunders, 1953.

[26] Oh K, Jeong Y, Lee D, et al. An Integrated Framework for the Assessment of Urban Carrying Capacity [J]. Korea. Plan. Assoc., 2002 (5): 7 -26.

[27] Onishi T A. Capacity Approach for Sustainable Urban Development: An Empirical Study [J]. Journal of Region Study Association, 1994, 28 (1): 39 -51.

[28] Park R F, Burgess E W. An Introduction to the Science of Sociology [M]. Chicago: Kubik Fine Books Ltd, 1921.

[29] Peter Hall, Kathy Pain. The Polycentric Metropolis: Learning from Mega - city Regions in Europe [M]. London: Earthscan, 2006.

[30] R Carson. 寂静的春天 [M]. 吕瑞兰译. 长春: 吉林人民出版社, 1962.

[31] Rees W E. Ecological Footprints and Appropriated Carrying Capacity: What Urban Economics Leaves out [J]. Environment and Urbanization, 1992, 4 (2): 121 -130.

[32] Richard A. Musgrave. 财政理论史上的经典文献 [M]. 上海: 上海财经大学出版社, 2015.

[33] Schneider W A. Integral Formulation for Migration in Two and Dimensions [J]. Geophysics, 1978 (1): 49 -76.

[34] Song Xiaomeng, Kong Fanzhe and Zhan Chesheng. Assessment of Water Resources Carrying Capacity in Tianjin City of China [J]. Water Resources Management, 2011 (25): 857 -873.

[35] Tansley A G. The Use and Abuse of Vegetational Concepts and Terms [J]. Ecology, 1935, 16 (1): 284 -307.

［36］ UN. Report of the United Nations Conference on the Human Environment ［J］. PAHO，1972（2）：77.

［37］ WECD. Our Common Future ［M］. New York：Oxford University Press，1987.

［38］ William V. Road to Survival ［M］. London：Victor Gollanez，1949.

［39］ Zhou Yixing. Definitions of Urban Places and Statistical Standards of Urban Population in China：Problems and Solutions ［J］. Asian Geographer，1988（7）：12－28.

［40］ 蔡莉，穆光宗．人口承载力指标系的建立及量化［J］．人口学刊，2008（5）：18－24.

［41］ 曹智，闵庆文，刘某承等．基于生态系统服务的生态承载力：概念、内涵与评估模型及应用［J］．自然资源学报，2015（1）：1－11.

［42］ 曾鹏，王云琪，张晓君．中国十大城市群综合承载力比较研究［J］．统计与信息论坛，2015（1）：76－82.

［43］ 曾伟平，朱佩娟，罗鹏等．中国城市群的识别与发育格局判定分析［J］．华东经济管理，2017（3）：105－110.

［44］ 陈海波，刘旸旸．江苏省城市资源环境承载力的空间差异［J］．城市问题，2013（3）：33－37.

［45］ 陈金英，杨青山，马中华．不同发展阶段的城市群综合承载力能力的评价研究［J］．经济地理，2013（8）：68－85.

［46］ 陈娟，李景保等．湖南“3＋5”城市群城市综合承载力评价［J］．国土与自然资源研究，2010（4）：17－20.

［47］ 陈立人，王海斌．长江三角洲地区准都市连绵区刍议［J］．城市规划汇刊，1997（3）：31－36.

［48］ 陈美玲．城市群相关概念的研究探讨［J］．城市发展研究，2011（3）：5－8.

［49］ 陈肖飞，郭建峰，姚士谋．长三角城市群新型城镇化与生态环境承载

力耦合协调研究：基于利奥波德的大地伦理观思想［J］．长江流域资源与环境，2018（4）：715－724.

［50］陈晓华，钱欣．长江生态经济区城市群综合承载力评价［J］．统计与决策，2019（10）：64－66.

［51］程广斌，龙文．丝绸之路经济带我国西北段城市群资源环境承载力的实证分析［J］．华东经济管理，2016（9）：41－48.

［52］程广斌，申立敬，龙文．丝绸之路经济带背景下西北城市群综合承载力比较［J］．经济地理，2015（8）：98－113.

［53］程广斌，申立敬．天山北坡城市群城市综合承载力评价［J］．中国沙漠，2015（5）：1371－1375.

［54］程广斌，张盼盼．天山北坡经济带城市综合承载力评价研究［J］．科技管理研究，2014（17）：48－52.

［55］崔凤军．城市水环境承载力及其实证研究［J］．自然资源学报，1998（1）：58－62.

［56］代合治．中国城市群的界定及其分布研究［J］．地域研究与开发，1998，17（2）：40－43.

［57］戴宾．城市群及其相关概念辨析［J］．财经科学，2004（6）：101－103.

［58］党兴华，郭子彦，赵璟．基于区域外部性的城市群协调发展［J］．经济地理，2007（3）：463－466＋475.

［59］狄乾斌，韩帅帅，韩增林．中国地级以上城市经济承载力的空间格局［J］．地理研究，2016（2）：337－352.

［60］狄乾斌，韩增林，刘锴．海域承载力研究的若干问题［J］．地理与地理信息科学，2004（5）：50－53＋71.

［61］丁国峰，毛豪乾．论我国城市群协调发展的法律保障机制——以滇中城市群为例［J］．学术探索，2016（6）：59－64.

［62］丁洪俊，宁越敏．城市地理概论［M］．合肥：安徽科学出版社，

1983.

［63］定军，来莎莎．“十三五”城市群大修编　将建设十九个城市群（世纪经济报道）［EB/OL］．https：//finance. sina. com. cn/roll/2016－05－05/doc－ifxryahs 0074648. shtml，2016－05－05.

［64］定军．东北发展新局面　辽宁强调打造辽中南城市群［EB/OL］．https：//baijiahao. baidu. com/s？id＝1603204314995568443&wfr＝spider&for＝pc，2018－06－14.

［65］段佩利，刘曙光，尹鹏等．城市群开发强度与资源环境承载力耦合协调的实证［J］．统计与决策，2019（8）：49－52.

［66］段玉厂．城市人口承载力研究的新问题及其治理［J］．西北人口，2011（4）：67－70.

［67］方创琳，鲍超．黑河流域水－生态－经济发展耦合模型及应用［J］．地理学报，2004（5）：781－790.

［68］方创琳．城市群空间范围识别标准的研究进展与基本判断［J］．城市规划学刊，2009（4）：1－6.

［69］方创琳．中国城市群研究取得的重要进展与未来发展方向［J］．地理学报，2014（8）：1130－1144.

［70］冯煜雯．西安城市承载力综合评价分析［J］．西安财经学院学报，2012（5）：47－50.

［71］付桂军，曹相东，齐义军．区域城市群水资源承载力研究［J］．经济纵横，2015（2）：54－58.

［72］付金存，常昕辉，陈静．PSR 框架下西部地区城市综合承载力时空演变研究——以新疆为例［J］．现代城市研究，2014（8）：56－62.

［73］付金存，李豫新，徐匆匆．城市综合承载力的内涵辨析与限制性因素发掘［J］．城市发展研究，2014（3）：106－111.

［74］付云鹏，马树才．城市资源环境承载力及其评价——以中国 15 个副省级城市为例［J］．城市问题，2016（2）：36－40.

［75］傅鸿源，胡焱．城市综合承载力研究综述［J］．城市问题，2009（5）：27－31.

［76］高红丽，涂建军，杨乐．城市综合承载力评价研究——以成渝经济区为例［J］．西南大学学报（自然科学版），2010（10）：148－152.

［77］高洁宇．基于生态敏感性的城市土地承载力评估［J］．城市规划，2013（3）：39－42.

［78］高鹭，张宏业．生态承载力的国内外研究进展［J］．中国人口·资源与环境，2007（2）：19－26.

［79］高新才，王方．跨越式发展背景下的城市相对资源承载力研究——以兰州市为例［J］．兰州学刊，2012（11）：101－104.

［80］葛星，郑耀群．中国九大城市群综合承载力的空间非均衡及其动态演进［J］．统计与信息论坛，2018（12）：73－81.

［81］顾朝林．城市群研究进展与展望［J］．地理研究，2011，30（5）：771－783.

［82］顾朝林．中国城镇体系：历史·现状·展望［M］．北京：商务印书馆，1992.

［83］顾朝林．中国城市经济区划分的初步研究［J］．地理学报，1991（2）：129－141.

［84］关海玲，杜薇．基于可能－满意度方法的城市人口承载力研究［J］．统计与决策，2016（14）：47－50.

［85］官卫华，姚士谋．城市群空间发展演化态势研究以福厦城市群为例［J］．现代城市研究，2003（2）：82－86.

［86］郭存芝，凌亢，白先春，胡振宇，梅小平．城市可持续发展能力及其影响因素的实证［J］．中国人口·资源与环境，2010，20（3）：143－148.

［87］郭存芝，罗琳琳，叶明．资源型城市可持续发展影响因素的实证分析［J］．中国人口·资源与环境，2014，24（8）：81－89.

［88］郭献文，李勇，储国强．打造经济发展火车头　陕西实施“一线两

带”战略（人民网）［EB/OL］. http：//www. people. com. cn/ GB/jinji/31/179/20021013/840983. html，2002－10－13.

［89］郭志伟，张慧芳，郭宁．城市经济承载力研究——以北京市为例［J］．城市发展研究，2008（6）：152－156.

［90］郭志伟．北京市土地资源承载力综合评价研究［J］．城市发展研究，2008，15（5）：24－30.

［91］韩家彬，石宁．环境承载力对中国对外直接投资的影响研究［J］．国际商务（对外经济贸易大学学报），2019（2）：103－115.

［92］韩俊丽，段文阁，李百岁．基于SD模型的干旱区城市水资源承载力模拟与预测——以包头市为例［J］．干旱区资源与环境，2005（4）：188－191.

［93］韩美，路广，史丽华等．东营市海岸带区域综合承载力评估［J］．中国人口·资源与环境，2017（2）：93－101.

［94］郝庆，邓玲，封志明．国土空间规划中的承载力反思：概念、理论与实践［J］．自然资源学报，2019（10）：2073－2086.

［95］胡锋．珠三角城市综合承载力研究［D］．广州：暨南大学，2012.

［96］胡麓华，张虹．长株潭城市群核心区大气环境承载力初探［J］．四川环境，2009（5）：31－35.

［97］户艳领．区域土地综合承载力评价及应用研究［D］．北京：中国地质大学，2014.

［98］黄金川，刘倩倩，陈明．基于GIS的中国城市群发育格局识别研究［J］．城市规划学刊，2014（3）：37－44.

［99］黄金川．基于辐射扩散测度的中国城市群发育格局识别［J］．经济地理，2016（11）：199－206.

［100］黄鹭新，杜澍．城市复合生态系统理论模型与中国城市发展［J］．国际城市规划，2009（1）：30－36.

［101］黄青，任志远．论生态承载力与生态安全［J］．干旱区资源与环境，2004（2）：11－17.

［102］黄涛．湖北省承接国际产业转移的环境承载力分析［J］．统计与决策，2014（4）：144－146.

［103］黄志基，马妍，贺灿飞．中国城市群承载力研究［J］．城市问题，2012（9）：2－8.

［104］贾滨洋，袁一斌，王雅潞等．特大型城市资源环境承载力监测预警指标体系的构建——以成都市为例［J］．环境保护，2018（12）：54－57.

［105］贾若祥．我国城市群空间联系浅析［J］．宏观经济管理，2013（11）：29－33.

［106］姜爱林，祝国勇．城市水土流失形成、特点与防治对策［J］．城市发展研究，2000（3）：17－19.

［107］江曼琦．对城市群及其相关概念的重新认识［J］．城市发展研究，2013（5）：30－35.

［108］姜豪，陈灿平．城市综合承载力研究——以成都为例［J］．软科学，2016（12）：59－62.

［109］姜文超，龙腾锐．水资源承载力理论在城市规划中的应用［J］．城市规划，2003（7）：78－82.

［110］蒋辉，周四军．湖南省粮田人口承载力影响因素的计量分析［J］．农业技术经济，2004（5）：67－70.

［111］靳亚亚，靳相木，李陈．基于承压施压耦合曲线的城市土地承载力评价——以浙江省32个城市为例［J］．地理研究，2018（6）：1087－1099.

［112］靖学青．西方国家大都市区组织管理模式——兼论长江三角洲城市群发展协调管理机构的创建［J］．社会科学，2002（12）：22－25.

［113］孔凡文，胡弘，张婷婷．城市经济承载力及其测算方法研究——以沈阳市为例［J］．城市问题，2013（7）：55－58.

［114］孔凡文，刘亚臣，常春光．城市综合承载力的内涵及测算思路［J］．城市问题，2012（1）：26－29.

［115］孔凡文，张婷婷，胡弘．城市水资源承载力概念探析［J］．资源开

发与市场，2013（5）：523－525.

［116］赖作莲，查小春．陕南秦巴山区人口承载力研究［J］．干旱区资源与环境，2007（7）：6－9.

［117］蓝希，刘小琼，郭炎等．“长江经济带”战略背景下武汉城市水环境承载力综合评价［J］．长江流域资源与环境，2018（7）：1433－1443.

［118］李灿，徐映梅．长株潭城市群水资源承载力的实证研究［J］．统计与信息论坛，2011（5）：86－91.

［119］李东序，赵富强．城市综合承载力结构模型与耦合机制研究［J］．城市发展研究，2008（6）：37－42.

［120］李冬冬．城市生态建设与城市经济竞争力协同机制研究［D］．长春：吉林大学，2014.

［121］李俭富，王艳．水资源承载力视野下的城市水资源安全分析——以成都市为例［J］．生态经济，2008（9）：62－67.

［122］李姣，严定容．湖南省及洞庭湖区重点城市水环境承载力研究［J］．经济地理，2013（10）：157－162.

［123］李金海．区域生态承载力与可持续发展［J］．中国人口·资源与环境，2001（3）：78－80.

［124］李凯，刘涛，曹广忠．中国典型城市群空间范围的动态识别与空间扩展模式探讨——以长三角城市群、武汉城市群和成渝城市群为例［J］．城市发展研究，2015（11）：72－79.

［125］李磊，贾磊，赵晓雪等．层次分析——熵值定权法在城市水环境承载力评价中的应用［J］．长江流域资源与环境，2014（4）：456－460.

［126］李玲玲，徐琳瑜．特大城市水资源承载力政策响应的动态模拟［J］．中国环境科学，2017（11）：4388－4393.

［127］李铭，方创琳．基于自组织模型的酒嘉玉地区城市化动态演变［J］．地理研究，2006（3）：551－559.

［128］李清龙，张焕祯等．水资源承载力及其影响因素［J］．河北工业科

技，2004（6）：30－32.

［129］李新刚，王双进，孙钰．城市土地综合承载力因子的动态影响效应分析［J］．统计与决策，2018（7）：114－118.

［130］李新刚，王双进，孙钰．土地承载力与经济发展的动态效应和耦合协调——基于京津冀城市群的实证研究［J］．经济理论与经济管理，2018（12）：98－109.

［131］李震，顾朝林．当代中国城镇体系地域空间结构类型定量研究［J］．地理科学，2006（5）：5544－5550.

［132］梁泽，黄姣，韦飞黎等．基于夜光遥感影像与百度POI数据的中国城市群空间范围识别方法［J］．地理研究，2020（1）：92－102.

［133］廖志高，许明辉．广西北部湾城市群生态承载力研究［J］．地域研究与开发，2013（5）：99－104.

［134］刘臣辉，申雨桐，周明耀等．水环境承载力约束下的城市经济规模量化研究［J］．自然资源学报，2013（11）：1903－1910.

［135］刘东，封志明，杨艳昭．基于生态足迹的中国生态承载力供需平衡分析［J］．自然资源学报，2012（4）：614－624.

［136］刘惠敏．长江三角洲城市群综合承载力的时空分异研究［J］．中国软科学，2011（10）：114－122.

［137］刘建宏．“城市综合承载力”意指何方？［N］．中国建设报，2009.

［138］刘洁，苏扬，魏方欣．基于区域人口承载力的超大城市人口规模调控研究［J］．中国软科学，2014（10）：147－156.

［139］刘晶，林琳．长江生态经济区城市群综合承载力的实证分析［J］．统计与决策，2018（17）：94－97.

［140］刘军，白文杰．山东省17城市人力资本承载力评价与提升研究［J］．东岳论丛，2010（9）：102－106.

［141］刘明华，赵爽，杨秀花．河南省区域综合承载力动态评价研究［J］．地域研究与开发，2014（4）：31－36.

［142］刘年磊，卢亚灵，蒋洪强等．基于环境质量标准的环境承载力评价方法及其应用［J］．地理科学进展，2017（3）：296－305.

［143］刘玉亭，王勇，吴丽娟．城市群概念、形成机制及其未来研究方向评述［J］．人文地理，2013（1）：62－68.

［144］刘志虹，彭翀，顾朝林．辽中城市群空间协调规划［J］．城市规划，2007（10）：48－51.

［145］龙志和，任通先，李敏等．广州市城市综合承载力研究［J］．科技管理研究，2010（5）：204－207.

［146］陆传豪，代富强，周启刚．山地城市环境承载力综合评价与变化特征研究［J］．资源开发与市场，2015（2）：183－187.

［147］鲁继通，张晶．京津冀城市群耦合协调发展及时空演化研究［J］．工业技术经济，2017，36（8）：26－34.

［148］罗凤金，许鹏，程慧．大城市承载力研究［J］．调研世界，2012（4）：53－57.

［149］罗海平，朱勤勤，罗逸伦等．耕地生态足迹与生态承载力研究——基于中国粮食主产区2007－2016年面板数据［J］．华东经济管理，2019（5）：68－75.

［150］吕斌，孙莉，谭文垦．中原城市群城市承载力评价［J］．中国人口·资源与环境，2008（5）：53－58.

［151］吕光明，何强．可持续发展观下的城市综合承载能力研究［J］．城市发展研究，2012（4）：157－159.

［152］吕磊，陈森发．基于可持续发展观念的城市水资源承载力研究的构思［J］．东南大学学报（哲学社会科学版），2006（S1）：89－91.

［153］马世骏，王如松．社会－经济－自然复合生态系统［J］．生态学报，1984，27（1）：1－9.

［154］马燕坤，肖金成．都市区、都市圈与城市群的概念界定及其比较分析［J］．经济与管理，2020（1）：18－26.

［155］宁佳，刘纪远，邵全琴等．中国西部地区环境承载力多情景模拟分析［J］．中国人口·资源与环境，2014（11）：136－146.

［156］宁夏新闻网．从发展“黄河经济”到打造“沿黄生态经济带”［EB/OL］．https：//www. nxnews. net/ dz/plsy/201807/t20180706_ 5986703. html，2018－07－06.

［157］彭再德，杨凯，王云．区域环境承载力研究方法初探［J］．中国环境科学，1996（1）：6－10.

［158］皮庆，王小林，张丽．基于SD模型的城市能源承载力影响因素研究［J］．统计与决策，2016（4）：109－112.

［159］漆良华，周金星，张旭东，谭显春，陈文晖，黄玲玲．长江上游山丘区土地承载力研究与评价——以四川省宜宾市为例［J］．长江流域资源与环境，2007（2）：169－174.

［160］秦成，王红旗等．资源环境承载力评价指标研究［J］．中国人口·资源与环境，2011（12）：335－338.

［161］邱鹏．西部地区资源环境承载力评价研究［J］．软科学，2009（6）：66－69.

［162］人民网．未来五年将建19个城市群 宁夏沿黄城市群在列［EB/OL］．http：//nx. People. com. cn/ n2/2016/0306/c192482 － 27873001. html，2016－03－06.

［163］芮利红．“大银川”建设对宁夏县域经济发展拉动的观照［J］．经济前沿，2004（4）：23－24.

［164］山西新闻网．太原晋中召开中部盆地城市群一体化发展对接会［EB/OL］．http：//jz. sxrb. com/GB/ 314714/9480852. html，2019－10－22.

［165］尚勇敏，王振．长江经济带城市资源环境承载力评价及影响因素［J］．上海经济研究，2019（7）：14－25＋44.

［166］邵馨．呼包鄂榆城市群综合承载力评价研究［D］．长春：东北师范大学，2015.

［167］施雅风，曲耀光．乌鲁木齐河流域水资源承载力及其合理利用［M］．北京：科学出版社，1992.

［168］石忆邵，尹昌应，王贺封，谭文垦．城市综合承载力的研究进展及展望［J］．地理研究，2013（1）：133－145.

［169］史宝娟，郑祖婷．河北省综合承载力分析及对策研究［J］．河北经贸大学学报，2014（4）：78－81.

［170］宋岭，张磊．新疆矿产资源开发利用的综合承载力研究［J］．新疆大学学报（哲学人文社会科学版），2009（7）：11－17.

［171］宋永昌，由文辉，王祥荣．城市生态学［M］．上海：华东师范大学出版社，2000.

［172］苏伟洲，王成璋．基于 DEA 的四川省城市水资源承载力评价研究［J］．西南民族大学学报（人文社会科学版），2015（10）：116－119.

［173］孙健夫，阎东彬．京津冀城市群综合承载力系统耦合机理及其动力机制［J］．河北大学学报（哲学社会科学版），2016（5）：72－78.

［174］孙莉，吕斌，周兰兰．中国城市承载力区域差异研究［J］．城市发展研究，2009（3）：133－137.

［175］孙亚静，王靖鑫，刘畅．长春市城市综合承载力研究［J］．税务与经济，2018（3）：99－108.

［176］孙一飞．城镇密集区的界定以江苏省为例［J］．经济地理，1995（3）：36－40.

［177］孙钰，李新刚，姚晓东．基于 TOPSIS 模型的京津冀城市群土地综合承载力评价［J］．现代财经（天津财经大学学报），2012（11）：71－80.

［178］孙钰，李新刚．基于空间回归分析的城市土地综合承载力研究——以环渤海地区城市群为例［J］．地域研究与开发，2013（5）：128－132＋137.

［179］覃成林，周姣．城市群协调发展：内涵、概念模型与实现路径［J］．城市发展研究，2010（12）：7－12.

［180］谭文垦，石忆邵，孙莉．关于城市综合承载能力若干理论问题的认识

[J]. 中国人口·资源与环境, 2008 (1): 40-44.

[181] 汤可可. 江苏沿江城市群可持续发展的制约因素与取向 [J]. 中国人口·资源与环境, 1999 (1): 38-43.

[182] 唐剑武, 叶文虎. 环境承载力的本质及其定量化初步研究 [J]. 中国环境科学, 1998 (3): 36-39.

[183] 童纪新, 顾希. 江苏省城市综合承载力研究 [J]. 南通大学学报(社会科学版), 2014 (6): 39-43.

[184] 童玉芬, 刘广俊. 基于可能—满意度方法的城市人口承载力研究——以北京为例 [J]. 吉林大学社会科学学报, 2011 (1): 152-157.

[185] 童玉芬. 北京市水资源人口承载力的动态模拟与分析 [J]. 中国人口·资源与环境, 2010 (9): 42-47.

[186] 童玉芬. 人口承载力研究的演进、问题与展望 [J]. 人口研究, 2012 (5): 28-36.

[187] 童玉芬. 中国西北地区人口承载力及承载压力分析 [J]. 人口与经济, 2009 (6): 1-6+21.

[188] 万庆, 吴传清, 曾菊新. 中国城市群城市化效率及影响因素研究 [J]. 中国人口·资源与环境, 2015, 25 (2): 66-74.

[189] 汪自书, 苑魁魁, 吕春英等. 资源环境约束下的北京市人口承载力研究 [J]. 中国人口·资源与环境, 2016 (S1): 351-354.

[190] 汪自书, 苑魁魁, 吕春英等. 基于资源环境禀赋与压力的城市综合承载力研究——以大连市为例 [J]. 干旱区资源与环境, 2015 (8): 64-69.

[191] 王常文. 资源稀缺理论与可持续发展 [J]. 当代经济, 2005 (4): 52.

[192] 王丹, 陈爽, 高群等. 城市承载力空间差异分析方法——以常州市为例 [J]. 生态学报, 2011 (5): 1419-1429.

[193] 王国红, 刘颖, 唐丽艳. 基于区域承载力的产业集成影响因素分析 [J]. 科学学与科学技术管理, 2008 (11): 66-70.

［194］王建华，江东，顾定法等．基于SD模型的干旱区城市水资源承载力预测研究［J］．地理学与国土研究，1999（2）：19－23.

［195］王娟娟，何佳琛．藏区牧民定居点的文化承载力分析［J］．统计与决策，2012（21）：127－130.

［196］王丽，邓羽．城市群的界定与识别研究［J］．地理学报，2013，68（8）：1059－1070.

［197］王莉芳，李怡，庄宇．水资源承载力评价指标体系及应用研究［J］．软科学，2007（12）：8－10＋14.

［198］王莉芳，李怡．西部地区综合环境承载力评价研究［J］．科技进步与对策，2008（12）：180－182.

［199］王丽萍，李淑琴．资源环境承载力研究进展［J］．资源开发与市场，2018，34（5）：644－648.

［200］王维，张涛，王晓伟等．长江经济带城市生态承载力时空格局研究［J］．长江流域资源与环境，2017（12）：1963－1971.

［201］王祥荣．克拉玛依市水、土资源承载力与城市发展对策研究［J］．上海环境科学，1997（11）：7－9.

［202］王亚娟，米文宝．宁夏沿黄城市带生态环境承载力研究［J］．干旱区资源与环境，2010（11）：23－27.

［203］王一鸣等．兰州—白银经济区发展规划研究［M］．北京：中国建筑工业出版社，2012.

［204］王玉平．矿产资源人口承载力研究［J］．中国人口·资源与环境，1998（3）：22－25.

［205］王玉珍．长三角城市群协调发展机制问题新探［J］．南京社会科学，2009（11）：24－29.

［206］王振坡，朱丹，王丽艳．区域协同下京津冀城市群城市综合承载力评价［J］．首都经济贸易大学学报，2018（6）：73－81.

［207］魏超，叶属峰等．海岸带区域综合承载力评估指标体系的构建与应

用——以南通市为例［J］．生态学报，2013（18）：5893－5904.

［208］吴敬琏．中国增长模式抉择（增订版）［M］．上海：上海远东出版社，2008.

［209］吴要武．寻找阿基米德的“杠杆”——“出生季度”是个弱工具变量吗？［J］．经济学（季刊），2010（2）：661－686.

［210］吴泽宁，高申．中原城市群水资源承载力调控措施及效果分析［J］．人民黄河，2015（2）：6－9.

［211］相震．城市环境复合承载力研究［D］．南京：南京理工大学，2006.

［212］谢涤湘，袁利平．城市经营与制度创新［J］．长江建设，2003（4）：12－14.

［213］新华网．《粤港澳大湾区发展规划纲要》公布［EB/OL］．http：//www. xinhuanet. com/gangao/zt/ ldzt/ldzter3/index. htm，2019－02－18.

［214］新华网．习近平在纳扎尔巴耶夫大学的演讲（全文）［EB/OL］．http：//www. xinhuanet. com/world/ 2013 － 09/08 /c _ 117273079. htm，2013 －09－08.

［215］新华网．政治局会议审议通过《京津冀协同发展规划纲要》［EB/OL］．http：//www. xinhuanet. com/ politics/2015 － 04 /30/c _ 1115147507. htm，2015－04－30.

［216］新浪新闻．宁夏启动沿黄城市群建设　加速城市化进程［EB/OL］．http：//news. sina. com. cn/c/2009 －04－10/190017585993. shtml，2009－04－10.

［217］熊建新，陈端吕，彭保发等．洞庭湖区生态承载力时空动态模拟［J］．经济地理，2016（4）：164－172.

［218］熊建新，陈端吕，谢雪梅．基于状态空间法的洞庭湖区生态承载力综合评价研究［J］．经济地理，2012（11）：138－142.

［219］熊建新，陈端吕等．洞庭湖区生态承载力及系统耦合效应［J］．经济地理，2013（6）：155－161.

［220］熊雪如，覃成林．我国城市群协调发展模式分析——基于长三角、珠

三角和长株潭城市群的案例［J］. 学习与实践，2013（3）：5-12.

［221］熊英，黄钞华，马海燕. 河南矿产资源的经济承载力评价：基于五种主要矿产资源分析［J］. 中国矿业，2014，23（8）：46-49.

［222］徐大富，渠丽萍，张均. 贵州省矿产资源承载力分析［J］. 科技进步与对策，2004（5）：56-58.

［223］徐国冲，郭轩宇. 城市综合承载力的评估框架与提升策略——来自新加坡的启示［J］. 上海行政学院学报，2020（1）：58-68.

［224］徐琳瑜，杨志峰，李巍. 城市生态系统承载力研究进展［J］. 城市环境与城市生态，2003（6）：60-62.

［225］徐强. 区域矿产资源承载能力分析几个问题的探讨［J］. 自然资源学报，1996（2）：135-141.

［226］徐威威，马晓旭. 江苏省环境承载力的动态评估及提升对策［J］. 华东经济管理，2012（6）：14-17.

［227］徐骁，赵富强，李东序. 城市综合承载力评价研究——基于三角模糊层次分析法［J］. 当代经济，2012（23）：155-157.

［228］徐盈之，孙剑. 环境承载力的区域比较与影响因素研究：来自我国省域面板数据的经验分析［J］. 经济问题探索，2009（5）：1-6.

［229］许朗，王莺，王爱军. 基于主成分分析的江苏省水资源承载力研究［J］. 长江流域资源与环境，2011（12）：1468-1474.

［230］许联芳，谭勇. 长株潭城市群“两型社会”试验区土地承载力评价［J］. 经济地理，2009（1）：69-73.

［231］许学强，周春山. 论珠江三角洲大都会的形成［J］. 城市问题，1994（3）：3-6.

［232］薛东前，孙建平. 城市群体结构及其演进［J］. 人文地理，2003（4）：64-68.

［233］薛凤旋，郑艳婷. 我国都会经济区的形成及其界定［J］. 经济地理，2005（6）：28-33.

[234] 严重敏. 区域开发中城镇体系的理论与实践 [J]. 地理学与国土研究, 1985 (2): 7-11.

[235] 严也舟, 成金华. 重点矿业经济区矿产资源承载力评价 [J]. 国土资源科技管理, 2014 (8): 29-33.

[236] 阎东彬. 京津冀一体化进程中重点城市综合承载力研究 [J]. 国家行政学院学报, 2015 (2): 68-72.

[237] 闫小培等. 城市·区域·可持续发展: 港澳珠三角可持续发展研究 [M]. 广州: 中山大学出版社, 2006.

[238] 杨若晶. 加快中原城市群建设 促进中原崛起对策研究 [J]. 特区经济, 2010 (6): 171-172.

[239] 姚士谋. 中国的城市群 [M]. 合肥: 中国科学技术大学出版社, 1992.

[240] 姚士谋, 陈振光. 我国城市化健康发展策略的综合分析 [J]. 城市规划, 2006 (1): 60-64.

[241] 姚毓春, 宋冬林. 资源枯竭型地区转型的社会承载力研究 [J]. 当代经济研究, 2011 (5): 39-42.

[242] 于翠英, 朝克图. 资源型城市生态承载力基本问题探究 [J]. 生态经济, 2013 (6): 160-163.

[243] 俞世恩. 20 世纪美国城市史研究述评 [J]. 历史教学问题, 2000 (4): 42-44.

[244] 岳立, 于翠, 高新才. 基于区域的城市生态承载力评价与分析——以张掖市及张掖市甘州区为例 [J]. 干旱区资源与环境, 2011 (4): 28-32.

[245] 臧锐, 李淑琴. 资源环境承载力研究进展 [J]. 资源开发与市场, 2018 (5): 644-648.

[246] 臧锐, 杨青山, 杨晓楠等. 增强城市群综合承载能力的政府合作机制研究 [J]. 经济地理, 2010 (8): 1299-1303.

[247] 詹歆晔, 郁亚娟等. 特大城市交通承载力定量模型的建立与应用

[J]．环境科学学报，2008（9）：1923－1931.

［248］张成，陆旸等．环境管制强度与生产技术进步［J］．经济研究，2011（2）：113－124.

［249］张传国，方创琳，全华．干旱区绿洲承载力研究的全新审视与展望［J］．资源科学，2002（2）：42－48.

［250］张传国，刘婷．绿洲系统“三生”承载力驱动机制与模式的理论探讨［J］．经济地理，2003（1）：83－87.

［251］张广海，刘佳等．山东半岛城市群旅游环境承载力综合评价研究［J］．地理科学进展，2008（2）：74－79.

［252］张怀志，武友德等．滇中城市群空间经济联系与地缘政治关系匹配研究［J］．地域研究与开发，2014（2）：16－19.

［253］张红，陈嘉伟，周鹏．基于改进生态足迹模型的海岛城市土地承载力评价——以舟山市为例［J］．经济地理，2016，36（6）：155－160＋167.

［254］张剑．兰白西城市群集聚与扩散研究［D］．兰州：西北师范大学，2015.

［255］张京祥，崔功豪．城市空间结构增长原理［J］．人文地理，2000（2）：15－18.

［256］张利华，陈钢，徐晓新，刘会武．城市人口承载力的理论与实证研究——以北京市海淀区为例［J］．管理评论，2008（5）：28－32＋63－64.

［257］张敏良，高煜荣．城市集群化时代已来临　宁夏打造黄河金岸增长极（中国产经新闻）［EB/OL］．http：//city. sina. com. cn /city/2008－02－29/97464. html，2008－02－29.

［258］张鹏．建设兰西经济区写入国家“十二五”规划（兰州新闻网）［EB/OL］．http：//rb. lzbs. com. cn/ html/2011－04/06/content _ 258034. htm，2011－04－06.

［259］张小刚，罗雅．城市环境资源承载力评价体系研究——以长株潭城市群为例［J］．湘潭大学学报（哲学社会科学版），2013（4）：25－27＋95.

［260］张小刚．城市资源环境承载力评价方法与提升路径探析［J］．湖南社会科学，2015（2）：96－100.

［261］张学良，杨朝远．论中国城市群资源环境承载力［J］．学术月刊，2014（9）：64－70.

［262］张学良．新型城镇化背景下城市边界调整与城市综合承载力提升［J］．探索与争鸣，2015（6）：28－30.

［263］张学渊，魏伟，颉斌斌等．西北干旱区生态承载力监测及安全格局构建［J］．自然资源学报，2019（11）：2389－2402.

［264］张衍广，李茂玲．基于EMD的中国生态足迹与生态承载力的动力学预测［J］．干旱区资源与环境，2009（1）：13－17.

［265］张勇．新常态下西部地区经济转型与环境承载力耦合关系［J］．社会科学家，2016（6）：61－65.

［266］张瑜英，李占斌．基于生态足迹模型的陕西省生态承载力定量评估［J］．干旱区资源与环境，2007（1）：6－11.

［267］张子龙，陈兴鹏，焦文婷，郭晓佳．基于能值理论的环境承载力定量评价方法探讨及其应用［J］．干旱区资源与环境，2011（8）：18－23.

［268］赵红丽，卢玉文．基于生态足迹的新疆兵团人口承载力探讨［J］．人口与经济，2011（4）：85－89.

［269］赵璟，党兴华．新公共服务治理模式对中国城市群协调发展的现实意义及其应用［J］．经济体制改革，2008（3）：154－158.

［270］赵娟．基于主成分分析的上海市综合承载力评价研究［J］．中国统计，2014（4）：49－51.

［271］赵克勤．集对分析及其初步应用［J］．大自然探索，1994（1）：67－72.

［272］赵玲．黑河流域人口承载力预测分析研究［D］．兰州：兰州大学，2010.

［273］赵楠，申俊利．北京市基础设施承载力指数与承载状态实证研究

[J]. 城市发展研究，2009 (4)：68－75.

[274] 赵曦，王金哲. 金融资源空间整合的城市群协调发展效应研究——基于2005—2015年全国12个城市群面板数据的研究 [J]. 经济问题探索，2019 (1)：66－74.

[275] 赵先贵，肖玲等. 陕西省生态足迹和生态承载力动态研究 [J]. 中国农业科学，2005 (4)：746－753.

[276] 赵霄伟. 环境规制、环境规制竞争与地区工业经济增长——基于空间Durbin面板模型的实证研究 [J]. 国际贸易问题，2014 (7)：82－92.

[277] 郑晖，石培基，何娟娟. 甘肃省生态足迹与生态承载力动态分析 [J]. 干旱区资源与环境，2013 (10)：13－18.

[278] 郑少忠. 西安咸阳今天签署经济一体化协议（人民网）[EB/OL]. http：//www.people.com.cn/GB/jinji/31/179/20021228/897770.html，2002－12－28.

[279] 支小军，李宗阳，张雪唱等. 三生空间视角下宁夏－内蒙古干旱区城市综合承载力研究 [J]. 地域研究与开发，2019 (1)：65－70.

[280] 中国21世纪议程. 中国21世纪人口、环境与发展白皮书 [M]. 北京：中国环境科学出版社，1994.

[281] 中国科学院地理科学与资源研究所.《天山北坡城市群发展规划(2017～2030)》顺利通过专家评审 [EB/OL]. http：//www.igsnrr.cas.cn/xwzx/kydt/201710/t20171023_4876046.html，2017－10－23.

[282] 中国有色网. 资源城市转型 白银联手兰州打造兰白都市经济圈 [EB/OL]. https：//www.cnmn.com.cn/ShowNews1.aspx？id＝162024，2009－12－08.

[283] 中国证券网. 发改委证实中国将另外再打造10个区域性城市群 [EB/OL]. http：//www.cnstock.com/v_news/sns_yw/201307/2653226.htm，2013－07－12.

[284] 钟茂初. 中国城市生态承载力、生态赤字与发展取向——基于“胡焕庸线”生态涵义对74个重点城市的分析 [J]. 天津社会科学，2017 (5)：

102 – 109.

［285］周纪昌．马尔萨斯的自然资源稀缺论［J］．生态经济，2012（5）：24 –27 +31.

［286］周侃，樊杰．中国欠发达地区资源环境承载力特征与影响因素——以宁夏西海固地区和云南怒江州为例［J］．地理研究，2015（1）：39 –52.

［287］周亮，赵琪，杨帆．基于 POI 与 NPP/VIIRS 灯光数据的城市群边界定量识别［J］．地理科学进展，2019（6）：840 –850.

［288］周青．加快发展广西北部湾城市群［N］．广西日报，2016 –03 –31（007）.

［289］周一星．关于明确我国城镇概念和城镇人口统计口径的建议［J］．城市规划，1986（3）：10 –15.

［290］周一星．中国的城市体系和区域倾斜战略探讨［M］．哈尔滨：黑龙江人民出版社，1991.

［291］朱红波，吴熙，袁愿．基于土地自然与经济双重属性的西部地区人口承载力测算［J］．长江流域资源与环境，2018（12）：2684 –2696.

［292］朱立志．中国农用水资源配置效率及承载力可持续性研究［J］．农业经济问题，2005（12）：106 –114.

［293］朱平芳，张征宇，姜国麟．FDI 与环境规制：基于地方分权视角的实证研究［J］．经济研究，2011（6）：133 –145.

［294］朱玉林，李明杰，顾荣华．基于压力—状态—响应模型的长株潭城市群生态承载力安全预警研究［J］．长江流域资源与环境，2017（12）：2057 –2064.

［295］祝尔娟，齐子翔，毛文富．京津冀区域承载力与生态文明建设——2012 首都圈发展高层论坛观点综述［J］．生态经济，2014（2）：57 –61.